高校体育课程实践与发展研究

史 博 年 青 李大秀 ◎ 著

吉林出版集团股份有限公司

图书在版编目（CIP）数据

高校体育课程实践与发展研究 / 史博，年青，李大秀著. — 长春：吉林出版集团股份有限公司，2024.4
ISBN 978-7-5731-4840-7

Ⅰ. ①高… Ⅱ. ①史… ②年… ③李… Ⅲ. ①体育教学－教学研究－高等学校 Ⅳ. ①G807.4

中国国家版本馆 CIP 数据核字（2024）第 081661 号

高校体育课程实践与发展研究

GAOXIAO TIYU KECHENG SHIJIAN YU FAZHAN YANJIU

著　　者	史　博　年　青　李大秀
责任编辑	滕　林　王艳平
封面设计	林　吉
开　　本	710mm×1000mm　　1/16
字　　数	212 千
印　　张	13.5
版　　次	2024 年 4 月第 1 版
印　　次	2024 年 4 月第 1 次印刷
出版发行	吉林出版集团股份有限公司
电　　话	总编办：010-63109269
	发行部：010-63109269
印　　刷	廊坊市广阳区九洲印刷厂

ISBN 978-7-5731-4840-7　　　　　　　　　　　　定价：78.00 元

前　言

随着教育课程改革的力度不断加大，课程资源作为此次课程改革颇具新意和特色的亮点备受关注，其重要性和价值也伴随着课程改革的逐步展开而日益凸显出来。体育课程资源的开发无论在理论上还是在实践上，都将对体育课程的整体改革与发展产生重大而深远的影响。

随着社会的进步，高校体育教学主要目的是促进大学生健康成长，帮助学生建立终身体育的思想理念。本书从体育课程教学概览入手，介绍了体育课程教学目标体系的建设、体育课程内容资源的挖掘与开发以及高校体育课程教学模式，接着深入探讨了体育课程改革思路和体育课程的改革挑战。

本书在编写过程中参考借鉴了一些专家学者的研究成果和资料，在此特向他们表示感谢。由于编写时间仓促，水平有限，不足之处在所难免，恳请专家和广大读者提出宝贵意见，予以批评指正，以便改进。

史　博　年　青　李大秀

2024 年 1 月

目　录

第一章 体育课程教学概览

我国体育教学经过多年的发展已经形成比较完善的课程体系与教学理论体系，增加对这方面知识的了解能有助于相关人员更新自身的体育教学知识，从而更加科学地指导自己的实际工作。

第一节 我国学校体育的发展研究

一、我国学校体育目标的设定

（一）学校体育目标的内涵

目标是人们想要达到的境地或标准，它是人们通过努力，在一定时期内期望达到的结果。目标对人们的实践活动具有导向和激励作用。它通过对活动各方面的控制和调节，使活动维持稳定的方向，成为具体行动的向导。同时，目标又具有激励作用，能调动人们的积极性。目标一旦确定就不能轻易改变，但由于外部环境和内部条件的变化又可进行调整。

学校体育的目标是指一定时期内，在学校这一特殊的空间范围体育应达到的期望要求、结果和标准。它集中体现了人们对学校"体育与健康"课程课程编制、体育教学实施，以及课外体育活动、课余体育竞赛、课余体育训练开展中的体育价值的理解，是学校体育目标在学校体育中的具体化。它是学校体育决策和管理的出发点，也是学校体育工作应达到的结果。

学校体育的目标具有一定的结构。从学校体育过程的特点来看，它可分为条件目标、过程目标和效果目标。条件目标是指为实施学校体育所必备的主客观条件，包括体育知识的数量和质量、场地、器材、设备、体育经费、学生的体质条件等。过程目标是指在一定的时期里，学校体育实施的经过或发展的经历，主要包括工作计划、组织管理、体育课教学、课外体育活动、课余体育训练、课余体育竞赛、卫生保健措施，以及教师的培训、提高等。效果目标是指实施学校体育的最终效果，包括学生的体质水平，学生的教育、教养、发展水平，体育能力水平，以及学校体育人才质量、科研成果等。以上三个目标都可以采取相应的检测手段来进行评价，通过不断评价使学校体育目标在实施过程中不断完善，并为下一阶段目标的制定和实施提供科学的依据和基础。

学校体育的目标具有一定的层次性，是一个多层次的系统。在学校体育的总目标下，根据各项工作的特点，可以分解成下一层次的目标，如学前教育阶段的体育目标、初等教育阶段的学校体育目标、中等教育阶段的学校体育目标和高等教育阶段的学校体育目标等，每一阶段又包括"体育与健康"课程课程教学目标、课外体育锻炼目标、课余体育训练目标、课余体育竞赛目标、体育科学研究目标、学校体育管理目标等。以上目标还可以分解成下一层次的具体目标，各目标之间相互联系，构成学校体育的目标体系，为实现学校的教育目标服务。

（二）设定体育目标的重要因素

学校体育目标能否在学校体育中起到核心的指导作用，关键在于学校体育目标对外界的敏感性与开放性，即学校体育目标能否正确反映社会发展的需要、体育学科本身的发展、学生身心发展的特点与需要。

1. 重点考虑学生的需要

学生是体育施教的对象，是体育学习的主体，离开了学生这个主体的积极性与作用，学校体育将无从谈起。因而，在制定学校体育目标时，首先必须充分考虑学生的特点与需要，特别是学生的身心发展特点。因为它在很大程度上决定着学生能够学习什么以及达到什么水平。

从内容上看，学生的需要包括身心发展的需要和学习的需要。这两方面的需要是相辅相成的，因而，教师在制定体育目标时，应充分考虑学生的两种需要之间相互依存的关系，在确定体育目标时，充分考虑某一学段的学生能够学习什么、需要学习什么，以及怎样激发学习动机等。

从时间上看，学生的需求包括两方面，即学生当前的需要和学生长久的需要。仅满足学生当前的需要，很容易引起学生的体育学习兴趣，但不一定能保证为学生走上社会提供良好的帮助。仅满足学生长久的需要，又容易将成人化的体育内容强加给学生，使体育学习成为一种外在的过程。

从学习的性质上看，学生的需要既包括学生的天赋，也包括学生在学习过程中形成的自觉性。因而，在制定学校体育目标时，首先，要以学生的自发需要为基础，利用这种需要来达到体育活动的目的。其次，要了解作为学校体育特定对象特定学生的特定情况，将学生的情况与理想状态加以比较，确定二者的差距，发现体育的需要，从而揭示学校体育的目标。

2. 重点考虑社会的需要

社会的需要主要是指社会政治、科技、经济、文化的发展对学校体育提出的要求。学校体育作为我国教育事业的重要组成部分，要全面贯彻国家的教育方针，与德育、智育密切配合，努力将学生培养成有理想、有道德、有文化、有纪律、体魄健壮的社会主义建设者和接班人，为振兴中华做出贡献。这是确定我国学校体育目标的基本依据。学校体育作为学校教育的一个有机组成部分，它伴随着社会的存在与发展，总是为一定的社会需要服务的。

（1）从整体来看，社会需要可分为社会的现实需要与未来需要。

（2）从时空的需要角度看，社会需要分为家庭、社区、民族、国家的需要。

（3）从学校体育的施教对象的特性来看，学校体育不仅是为了今天的学生，更重要的是为了明天的学生。

从这一意义上讲，学校体育既要适应当前的现实，又应超越社会的现实，走在社会发展的前面。只有在现实与未来、个人与国家、适应与改造之间找到切入点和结合点，学校体育目标才能更好地发挥其社会功能。

3. 重点考虑体育学科的功能与发展

学校体育目标明确了体育的价值、定位及其内容和基本架构。学校体育主要是对学生进行身体教育和运动教育，强调的是增强学生的体质，提高学生的运动技能，让学生形成终身体育的意识及行为等。学校体育的主要手段，是体能的练习、运动技能的学习及参与运动的行为。体育学科是学校体育知识最主要的来源，体育学科的功能是确定学校体育目标的重要依据。所谓体育学科的功能是指体育在与个体、社会相互作用的过程中，表现出来的相对特殊的社会作用与效能。一般认为体育学科具有以下功能：增强学生的体质，提高学生的基本活动能力，提高学生对自然的适应能力，愉悦学生的身心，陶冶学生的情操，规范学生的行为，提高学生的审美情趣和有利于学生的智力发展，提高学生的智育活动效能，提高学生的自我保护能力和人际交往能力，传承与发展体育文化。如果学校体育本身没有这样的功能，则学校体育目标的制定就变成了无源之水、无本之木。

学校体育目标不仅要考虑体育学科的存在，还要进一步考虑学校体育在学校教育中的地位和作用以及学生的特点等。

因此，制定学校体育目标，不仅是学校体育功能的体现，还是一定的体育价值观的体现。体育价值观决定了人们在制定与实施学校体育目标时的态度与选择，常常表现为强调体育的某些功能，弱化或忽视某些功能。学校体育目标的制定、设计、实施与评价是某种体育价值观的具体体现。对学校体育功能的不同认识、不同的体育价值追求会在很大程度上直接影响学校体育目标的制定、设计、实施与评价。

在制定学校体育目标时，学生、社会、学科三个因素是互相起作用的，其中任何一个因素都不可能单独成为学校体育目标的来源。过分强调某一因素，会导致学校体育向一个极端发展。另外，国家对学校体育提供的条件、师资数量与质量、场地、器材、设备、教学时数、地区气候特点、经费等客观条件的保证，也是制定学校体育目标时必须考虑的因素。

（三）我国学校体育的目标分类

目标是人们实践活动要达到的境地和标准，是目的和标准的统一。它是包括使命、对象、目的、指标、时限等在内的一套完整系统，是人们实践活动的最终期望和期望结果可考核的有机统一，是人们实践活动目的的具体表现。它的特点是具体性、明确性、系统性等。

由于目的是概括性的，比较笼统、原则和抽象，不能分层到实践中去直接操作，因此，目的必须分解成具体目标，并通过具体目标去逐一实现。

1. 总目标

现阶段我国学校体育的总目标是：开发学生的身心潜能，促进学生身心和谐发展，增强学生的体质，增进学生的健康；培养学生对体育的积极态度、兴趣、习惯和能力，使其能较为熟练地掌握和应用基本的体育与健康知识和运动技能，为终身体育奠定良好的基础；培养学生良好的思想品质，促进学生个体的社会化，使其成为具有创新精神和创新能力以及德、智、体、美、劳全面发展的社会主义建设的合格人才，同时提高少数学生的运动技术水平，为国家培养体育后备人才。

我国学校体育的总目标体现了学校体育的本质特征，反映了现阶段我国社会、教育、体育发展的要求和学生个体的需要，比较符合我国学校体育的实际情况，具有较高的科学性和可行性。

2. 效果目标

为保证学校体育总目标的实现，首先应该达到以下五个效果目标：

（1）开发学生的身心潜能，增强学生的体质，促进学生的健康。

学生正处于身体生长发育时期，因此，学校体育工作应根据学生不同年龄、性别所具有的生理、心理特点，有目的、有计划、有组织地开展体育教学和课外体育活动，促进学生身体的正常发育，使学生在身体形态、生理机能、身体素质和身体基本活动能力等方面都得到全面发展，对自然环境有适应能力，对疾病有抵抗能力。高等学校的学生身体发育已接近完成，教师可针对不同专业对身体素质的要求，以及学生对体育的爱好组织体育活动，并不断提高要求，以进一步增强学生的体质。这不仅对学生个体的成长具有重要的作用，而且对提高全民族的体质健康水平也具有深远的战略意义。

（2）传授体育运动、卫生保健和健康生活的知识、技能和方法，使学生具有一定的体育文化素养。

学校体育本质上是系统地向学生传授体育文化的教育过程。它可以通过各种途径，向学生系统地传授体育运动知识、原理和方法，以及卫生保健、自我养护的基础知识，使学生懂得科学锻炼身体的基本原理和方法，学会体育运动中要掌握的基本技术、技能，并认识学校体育的地位与意义，养成经常锻炼身体的习惯，最终使他们受益终身。

（3）培养学生的体育兴趣、习惯和能力，为终身体育奠定基础。

对体育的兴趣、爱好及养成体育锻炼的习惯，是做到终身体育的重要因素之一，也是实施终身体育的重点。学校体育和终身体育的联系，是通过"兴趣"和"能力"的桥梁来实现的。学校体育的重点更多地应该放在如何培养学生对体育的兴趣和能力上，在培养兴趣和能力的基础上，通过长期技术、技能的学习，让学生形成稳定的体育价值观和积极的体育态度。有了良好的体育价值观和态度，学生才能积极参与体育锻炼，并且终身受益于体育。学生可以因人、因时、因地创造性地去选择适合自己的健身方法和手段，以满足终身体育的需求。

（4）培养学生良好的思想品德，促进学生个性健康全面的发展。

培养学生良好的思想品德，促进学生个性的健康全面发展是学校体育的重要目标之一。学校体育具有丰富的思想品德教育因素，要结合体育的特点寓思想品德教育于体育活动之中，教育学生为社会主义现代化建设锻炼身体，提高社会责任感，树立群体意识；培养学生热爱集体、遵纪守法、团结合作、勇敢顽强、拼搏进取、开拓创新、艰苦奋斗等思想品德和良好的体育作风；培养学生对体育的兴趣与爱好，体验运动的乐趣；培养学生鉴赏美、表现美、创造美的情感和能力，陶冶学生的情操，促进学生个性的健康全面发展，为将来适应社会生活奠定良好的基础。

（5）发展学生的运动能力，提高学生的运动技术水平，为国家培养体育后备人才。

学校是各种运动人才的摇篮，因此，学校要善于发现有运动天赋和运动才能的学生，并在课余时间对他们进行系统的运动训练，以提高他们的运动技术水平，使他们不仅成为推动学校群众性体育活动的骨干，同时也成为国家优秀运动员队伍的后备力量。有条件的学校，还应该组建具有本校特色和传统的高水平运动队，一方面可以丰富校园文化生活，另一方面也可以参加国内甚至国际赛事。

综上所述，学校体育的具体效果目标相互联系、相互促进，是一个不可分割的整体，要在实践中采取各种手段和途径才能完全实现。但要注意的是，应根据各教育阶段体育的特点、侧重点和要求不同而区别对待。

二、实现我国学校体育目标的基本要求

整体而言，组织开展学校体育的各项工作要以《中华人民共和国体育法》（2022年6月修订），国家教委、国家体委1990年3月发布的《学校体育工作条例》，国家教委、卫生部1990年6月发布的《学校卫生工作条例》和《国家学生体质健康标准》为依据，结合学校的具体实际，保证学校体育目标的顺利实现。在具体工作过程中，应注意以下基本要求。

（一）认真贯彻体育法规，科学开展课程

认真贯彻党和国家的教育方针，认真执行《中华人民共和国体育法》，落实《学校体育工作条例》《国家学生体质健康标准》《全国普通高等学校体育课教学指导纲要》等政策法规，纠正以只抓少数高水平运动队来代替全体学生的体育活动和体质健康工作的错误倾向。学校体育工作要面向全体学生，将学校体育工作重点落在学生体质健康的群体活动上，全力保障学生体质健康，其中最重要的就是确保学生每天一小时的体育活动，保证全体学生都享有体育的权利。要创造一切条件，组织和动员全体学生参加各种形式的体育活动，以满足学生不同的体育需要。对少数有生理缺陷或疾病的学生，要尽可能地安排他们进行适当的保健体育、医疗体育或矫正体育活动，以提高他们的身体健康水平。对有一定运动才能和天赋的学生，应从学校实际出发，在课余时间安排他们进行适当的运动训练，以提高他们的运动技术水平。

（二）构建体育课程教学新体系

要坚决贯彻"健康第一"的指导思想，根据现代体育课程发展趋势，按照《全国普通高等学校体育课教学指导纲要》的精神，把体育课程教学作为

学校体育的中心工作,不断深化体育教学改革;注重体育教学方法的科学性和实效性,结合实际应用多种教学模式,优化和提高体育教学质量。要关注学生的学习兴趣和情感体验,注重构建学生的主体地位,注重形成和发展学生的个性;重视改造传统运动项目和引进新兴运动项目;在体育课程实践部分侧重选择促进学生身体发展,增强想象力、表现力与创造力的身体技能练习;培养学生终身体育的意识和能力。要注重体育课程资源的开发,重视体育教学研究和科研成果的转化,为学生的身心健康发展创造条件;通过改革逐步构建并形成有自身特色的体育课程教学新体系,使学生通过运动实践初步掌握体育的基本技能和方法,促进学生身体正常发育,提高健康水平,帮助学生确立健身意识和具备锻炼身体的能力,促进学生心理品质的健康发展,形成完整的主体意识和科学精神,培养学生勇敢自强的精神、合作与竞争的生活态度以及创新意识。

(三)营造良好学校体育环境的意义

学校体育环境是开展学校体育活动需要的物质、人文与心理环境,如校园、校舍,各种体育场地、器材,学校各种体育规章制度,学校体育的传统与风气以及师生关系等。实践证明,学校体育环境是学校体育的有机组成部分,对实现学校体育的目标具有重要的意义。良好的学校体育环境不仅可以引导和激励学生积极参与体育活动,给人以美的享受,而且对学生的体育兴趣、动机、爱好、态度等的形成产生潜移默化的影响和作用,并且能够有效地促进学生的身心健康。

营造良好的学校体育环境,不仅要加大投入,改善学校体育的物质环境,还要努力构建学校体育传统与风气。学生置身于这种积极向上的体育氛围中，能够在耳濡目染、潜移默化中受到熏陶和感化，从而产生一种春风化雨、润物无声的教育效果。

（四）加强体育师资队伍建设

发展教育，教师是关键。体育教师是学校体育工作的具体实施者，学校体育工作的效果主要取决于体育教师，体育教师是实现学校体育目标的关键。因此，必须努力采取切实措施加强体育教师队伍建设，提高体育教师队伍的整体素质。因此，要加强体育教师的业务培训，要把在职培训与业余进修相结合，自学提高与脱产进修相结合，鼓励教师投身于教育改革实践，认真学习现代教育理论，提高自身理论水平与业务能力，以适应当代学校体育改革与发展对体育教师的各种要求。同时注意提高体育教师的社会地位，改善他们的生活工作条件，防止体育师资的流失，使体育教师在培养德、智、体、美、劳全面发展的人才中发挥更大的作用。

（五）加强学校体育科学研究

学校体育科学研究在教育科学研究中有着重要的地位。当前我国学校体育正处于急剧的发展变革阶段，实践中出现了大量的理论和实际问题，需要通过科学研究加以解决。学校体育科研工作要坚持理论和实践相结合，坚持科研和教学相结合，坚持专职科研工作者和学校体育教师相结合，努力解决学校体育工作的突出问题。要把体育课程和学生课外体育活动作为开展学校体育科研的主要对象，以运动技术、技能为载体，把体育内化为学生的健康意识，利用体育的特殊功能对学生施以道德、情操和心理的影响，充分发挥体育在实施素质教育中的积极作用。

要注意及时总结学校体育工作中的各种经验，将其上升到一定的理论高度，并在实践中加以推广。同时，还要善于发现和抓住一些学校体育实践中亟须解决的重要课题进行研究，力争以科研上的突破来带动学校体育的改革向纵深发展。

第二节　体育课程教学发展的现状与特征

一、提倡健康的三维度指导思想

《高等学校体育课程教学指导纲要》明确提出"健康第一"的指导思想，将健康从原来的体育教学大纲众多的目的和任务中提取出来作为最高和终极目标与方向，凸显"体育为健康""运动为健康"的理念。这一指导思想主要体现在微观、中观和宏观三个层面。

（一）微观层面的指导思想

世界卫生组织（World Health Organization，WHO）于 1948 年明确提出三维健康观，认为"健康不仅仅是没有疾病或免于衰弱，而是保持生理、心理和社会适应的完满状态"。《高等学校体育课程教学指导纲要》正是根据三维健康观、体育的特点以及国际体育课程发展的趋势，确立了"体育与健康"课程课程应该追求每个学生身心协调、整体健康发展的目标。

国内外研究都已证明，具有三维整体健康促进功能是"体育与健康"课程课程的最大特色。在目前的学校课程中，没有哪一门课程能像"体育与健康"课程课程这样具有全面、整体的健康效果。

（二）中观层面的指导思想

英国教育家赫伯特·斯宾塞曾提出过"教育为未来生活做准备"，美国教育家约翰·杜威也强调"教育即生活"。"体育与健康"课程课程作为教育的重要内容之一，理所当然应该为了学生当前和未来更好地生活做准备。因此，我国"体育与健康"课程课程非常关注学生健康生活方式的养成。

现代人生活方式的主要特征是机械化、智能化、信息化，通常表现为出门乘车，上下楼乘电梯，日常电器智能化，就连看电视换频道也有遥控器。而且长时间的伏案工作也逐渐成为一种生活常态。长此以往，会使人的基础代谢减缓、体能逐渐退化，缺乏运动导致的肌肉无力、骨质疏松、脂肪堆积以及肥胖、腰椎病、颈椎病等疾病也随之而来。体育是社会发展和人类进步的重要标志，是综合国力和社会文明程度的重要体现。在我国新一轮体育课程改革中，"体育与健康"课程课程强调通过激发学生体育运动的兴趣，以课内外体育活动相结合以及学校、家庭和社区体育多元联动等方式来培养学生的终身体育意识和锻炼习惯。只有将科学的运动锻炼变成现代人生活的一个重要组成部分，人们的生活才会更健康。

（三）宏观层面的指导思想

影响学生健康的因素除了学校教育，还有家庭因素和社会因素。要想深入解决学生存在的健康问题，需要整合学校、家庭和社会等多方面的力量，形成合力，齐抓共管。"体育与健康"课程课程不仅关注学生个人的身心健康和终身体育锻炼习惯的养成，而且鼓励学生将所学的体育与健康知识、方法与父母、亲朋好友共同分享，将学校体育的教学效果向家庭和社区延伸，调动家庭、社区体育运动的积极性，营造全民运动的良好氛围，从而最终能够关注到整个社会。

同时，全社会也开始注意整合包括学校体育在内的各种力量，通过制订与实施促进健康行动计划，推进我国青少年的健康成长。如2011年7月，上海市政府启动了"青少年学生促进健康工程"，将学校体育工作与家庭、社会以及医疗卫生部门紧密联系起来，共同促进学生的终身健康。这是地方政府首次整合学校、家庭和社区力量，开展面向社会的促进健康工程。2012年8月，江苏省教育厅体卫艺处发布《江苏省学生体质健康促进行动计划实施方案》，将健康素养提升行动、体育活动推进行动、卫生服务改善和心理健康促进行动作为促进健康的主要目标，并制订了详细的计划。目前，上自地方政府，下到学校、社区和家庭，均开始陆续制订并实施各种促进健康行动的计划。这些促进健康计划的主要行动力量便是学校，而学校体育开展的重中之重便是"体育与健康"课程课程教学的改革与发展。因此，从全社会发展的角度而言，"体育与健康"课程课程也必须重视人们的整体健康，重视营造良好的体育与健康的环境和氛围。

二、以学生为中心的课程理念

课程理念是课程设计者在进行顶层设计时必须具备的，需要课程实施者付诸实践的教育教学的信念，是课程的灵魂和支点。《"体育与健康"课程课程标准》（以下简称《课程标准》）非常重视学生的发展，关注学生的健康、运动兴趣、运动意识和习惯以及学生的个体差异，目的在于通过激发每一位学生的运动兴趣，培养其终身运动的意识和习惯，促进每一位学生的健康成长。

（一）"健康第一"的指导思想促进学生健康成长

学生的发展需要以健康为基础，同时健康又是学生发展的终极目标之一。"体育与健康"课程课程以"健康第一"为指导思想，主要体现在课程目标设置、课程结构设计、教学内容与教学方法选择、课堂教学的组织实施以及教学评价等在内的整个课程实施环节中。在《课程标准》中，"体育与健康"课程课程非常强调与健康有关的知识和技能，并要求体育教师注意引导学生培养健康的饮食习惯，形成健康的生活方式，从而促进学生身心健康的可持续发展。

（二）以促进学生发展为中心，激发兴趣的同时有助学习

《课程标准》强调从课程设计到学习评价，始终以促进学生的身心发展为中心，关注学生学习兴趣的培养。学生的运动兴趣不是自然产生的，教师需要采用丰富多样的教学方法去不断激发和引导学生，只有适合学生身心发展特点的教学方法，才能调动学生学习体育与健康的积极性。《课程标准》从学生的身心发展特点出发，在充分发挥体育教师主导作用的同时，在教学中倡导自主、合作和探究等多种学习方式，帮助学生学会学习，培养学生发现问题、分析问题和解决问题的能力，促使学生掌握体育与健康学习的方法。目前，越来越多的体育教师开始接受这一理念，并运用到"体育与健康"课程课程教学实践中。

（三）关注地区和个体差异，确保学生受益权利

《中华人民共和国宪法》第四十六条、《中华人民共和国教育法》第九条都规定了我国公民依法享有受教育的权利。对于"体育与健康"课程课程来说，教育的公平性也体现在保证每位学生都享有体育与健康的权利和义务。我国幅员辽阔，地区条件差异大，加上各地经济发展不平衡，导致不同地区间体育教育资源差异非常大。为了保障所有学生的体育与健康权利，《课程标准》强调在保证国家课程基本要求的前提下，充分关注不同地区、学校和学生之间的差异，提倡各地各校根据自身的实际情况，利用和开发当地"体育与健康"课程课程资源，制定相应的课程实施纲要，并在教学内容的选择上给予充分的自主权。体育教师有权在教学实践中根据学生的个体差异和实际情况，合理使用各种教学方法和教学设计，为每一位学生创设积极的运动环境，保证每一位学生都能从"体育与健康"课程课程中受益。

三、国家、地方、学校三级管理体制的推行

课程的分权和集中统一管理一直是世界各国课程发展和改革的焦点问题之一。中华人民共和国成立后，我国的课程管理体制借鉴了当时苏联的统一集中管理模式，这一模式在当时是适应我国实际情况的。但随着改革开放的深入发展，这一模式的弊端越来越明显。

（一）课程标准的变革给予地方和学校更多创造性发挥的空间

我国教育主管部门制定和颁布的《课程标准》，不再详细地规定课程实施的具体细节，而仅是形成一个指导性的文件。《课程标准》具体规定了经过"体育与健康"课程课程的教学后，学生在运动参与、运动技能、身体健

康、心理健康和社会适应等方面需要达到的基本要求，对"体育与健康"课程课程的性质、目标和内容标准进行了界定，只是对教学、评价、教材编写和资源的开发和利用等方面提出建议，对具体如何操作、实施没有提出明确的规定，而是在地方和学校落实"体育与健康"课程课程的过程中给予宏观、原则和方向性的指引，从而给地方和学校创造性发挥的空间。

（二）制订符合《课程标准》精神的课程实施方案

我国地域广阔，各地区的经济、文化、生活水平差异很大，这对课程实施的灵活性和适应性提出了很高的要求。为更好地落实国家制定的课程标准，地方教育行政和教研部门应基于《课程标准》的精神，结合本地的实际情况，制订适合的"体育与健康"课程课程实施方案。"体育与健康"课程课程实施方案是连接《课程标准》与学校"体育与健康"课程课程与教学的桥梁，是学校和体育教师有效地贯彻和落实《课程标准》精神的保证，不仅肩负着国家课程的传达，还承担着课程的管理和监督以及对学校制订"体育与健康"教学计划的指导职能。为了更好地贯彻和落实《课程标准》，大多数省、自治区、直辖市政府正在组织专家学习和掌握《课程标准》的精神，了解当地的课程与教学资源实际，积极开展制订地方课程实施方案的准备工作。

（三）依据《课程标准》精神和实施方案，制订相应的教学计划

国家、地方和学校三级课程管理模式的实施，促使学校成为"体育与健康"课程课程内容、教学时数和评价方法选择的最终决策者，学校需要结合学生健康发展的需要、学校体育整体发展需要和"体育与健康"教学实际情

况，制订本校的《学校"体育与健康"课程课程实施计划》，主要包括：本校实施"体育与健康"课程课程的目标，课程实施与计划、水平和年级的具体学习目标，教学内容与课时分配，教法运用与学习指导要求，学生的体育与健康学习评价等。这对学校和教师提出了新任务和新挑战，特别是对习惯了按原来教学大纲规定进行教学的体育教师来说，根据学习目标、学生兴趣和学校教学条件自主选择教学内容、教学时数和评价方法，并不是一件简单和容易的事情，这需要体育教师发挥主观能动性。目前，国家和地方都加大了对一线体育教师的培训力度，目的就是希望教师能够根据国家《课程标准》精神、地方的课程实施方案以及学校学生的实际情况制订出相应的教学计划，最终实现课程目标。

第三节　体育课程教学的创新

学校体育教学的方向性、目的性如何，不仅影响人才培养质量，而且对未来人们锻炼方式的选择产生重要影响。探讨现代学校体育教学的多元化趋势对于提高学校体育教学的方向性、目的性具有一定的指导作用。

一、快乐化和生活化是体育教学的必然趋势

快乐教学是现代体育教学的趋势之一，它表明现代教学过程中不考虑项目而只一味追求其生理效应难以取得理想的健身效果。快乐教学要求教师在体育教学中，首先要根据学生的年龄、性别、个体特征和兴趣、爱好特点，有针对性地选择不同的练习项目。其次，要针对项目特点，在保留竞争的同

时，改变竞技运动的特殊规定，创造一种新运动，使每个参加者在竞赛的同时都取得成功，实现运动中的快乐；或通过改变规则，设计协同比赛，克服困难，在冒险中寻找快乐；或通过边唱边活动或与音乐、美术、戏剧结合起来，通过身体的表现、综合性的活动与智力的结合等形式，使学生的身心在快乐中得到全面健康的发展。

现代科学研究证明，体育锻炼良好功效产生的关键之一在于体育锻炼的持续性，因此，只有使体育活动成为学生日常生活中的经常活动，才可获得有效的健身效果。体育生活化实际上就是在社会发展与个体发展的基础上实现体育个人化、家庭化，即体育行为融进个体或家庭生活的过程，使之成为生活中不可缺少的生活行为。我国学校体育教学实现体育生活化基本内涵不仅有上述含义，而且具有体育供给制度转变的意义，即由福利型向消费型转变。它主观上表现为个人的体育意识、观念、态度，客观上表现为在社会经济发展给予的物质生活条件下的政策、制度保障与支持。实现体育生活化是我国学校体育的一项重要任务，随着人们物质生活的不断提高与进步，学校体育教学方法、手段的不断完善，生活化趋势必定会更加全面地展开。

二、健身化和适用化是体育教学的必然趋势

健身是体育的根本目的之一。通过体育教学，在掌握健身方法与手段的同时，使学生的身心得到全面发展。生活质量的改善首先在于人的全面发展，在于全面提高人口质量与素质，发挥人的创造力，减少生病时间和延长寿命，使具有健康身体的人在社会诸多领域里发挥重要作用。因此，学校体育教学应以学生的身心全面发展为中心，全面提高学生的生存能力、动手能力及

身体适应能力，实现学生的健康生活质量全面提高，使学生的身心得到全面发展。

适用化是在体育教学的过程中，所教的技术动作具有适时性、实效性、可操作性。能从学生的年龄、性别、个体体质、地域特点、民族特色的实际出发，根据学生的性别异同，对练习内容选择表现出个体的差异性，对练习程序的安排与训练手段的采用具有适用性与可操作性。适用化要考虑学生的兴趣和能力范围，要使学生能在独立情况下自主完成并有可能成为其终身体育锻炼的内容。在动作的选择上要简单、实用，具有可操作性和在获得愉快的同时达到最佳锻炼效果。在理论上应符合生理学、心理学、生物学及运动人体科学要求，以促进身体健康发展。

三、民族化和兴趣培养是体育教学的必然趋势

学校体育作为人类文化的一种传播形式，除了传播全人类文化的共同本质，还传播地方民族文化，这是由它发展起来的民族文化环境决定的。学校体育通过民族传统体育教学，培养"德艺并重"的好传统，吸收其合理内涵，赋予其时代要求，将更有益于增强人们的爱国主义精神，提高社会道德风尚，是配合思想教育的良好途径。民族传统体育不仅表现健美、力量和速度等人体基本素质，也表现技巧和智慧。如我国的武术作为一种独特的、内外兼修、蕴含深刻哲理和科学的民族文化，对于我国民族心理气质和民族文化的影响极其深刻。它不仅在健身方面十分讲究强身护体、延年益寿，对群体而言，也极其强调隆德尚礼。因此我国学校体育无论从形体动作还是活动形式都应突出民族特色，加强体育与民族文化的统一。

兴趣属于人的个性心理特征，是人们从事某种活动的心理倾向。体育兴趣就是对体育活动的喜好。体育兴趣的培养是个艰巨而复杂的过程，它需要在学校体育中不断培养与增强。体育活动的兴趣要从学生阶段培育，项目的选择要从学生阶段培养，经常坚持体育锻炼的习惯要从学生阶段养成。学校体育是培养学生良好体育兴趣的最佳场所，因此在体育教学中应让学生真正体会和亲身感受体育的乐趣与价值，这样才会形成一生的追求。因此教学中要根据学生的实际情况，如年龄、性别、个性及地域特点加强学生对体育的兴趣培养，积极引导个体，发现特长，培养兴趣。

四、终身体育是体育教学思想的体现

终身体育是终身教育思想在体育中的体现，是个人一生中受到的各种健身教育和教养的总和。学校体育要为学生终身进行体育锻炼做好能力储备及心理素质提高的准备。在学校体育中，首先必须培养学生良好的体育兴趣，根据个体特点、爱好与特长发展自己的个人体育。其次要让学生树立终身体育的观念，养成体育锻炼的习惯，增强体育意识，突出解决学生思想上的意识问题，使之在锻炼的过程中从思想上不断提高认识。最后要让学生掌握锻炼的方法，提高从事体育锻炼的能力，要能根据条件的变化，选择、运用甚至创造相应的身体练习方法进行独立的体育锻炼，合理安排锻炼时间，调节运动负荷，实行自我医务监督和正确的自我评价身体锻炼效果。只有这样终身体育才能真正受益于体育锻炼，终身体育才能实现，学校体育的目的才能达到。

第二章 体育课程教学目标体系的建设

教学目标是学校体育课程教学的重要组成部分，它能够为学校体育课程教学提供科学指导，同时也是对学校体育课程教学效果进行评价的重要依据。本章就学校体育课程教学目标体系的建设进行了分析，内容包括体育课程教学目标概述、体育课程教学目标的生成及价值取向以及体育课程教学目标的结构内容及教材体现。

第一节 体育课程教学目标概述

一、学校体育课程目标的内涵和外延

课程目标是教育过程中教育目的和培养目标的具体化，是从课程的角度规定的人才培养的具体规格和质量要求，是指导整个课程研制的准则，也制约着教学结构、实施、评价等环节。

作为一门学科的核心，课程目标是通过具体的教学活动使学生发生不同性质和程度的各种变化结果。课程目标是通过教学活动克服某些困难一定要实现的要求。体育课程目标就是对各种手段和方法加以充分利用，通过运动技巧和体育知识的教学活动，来促使学生的身体和思维产生各种不同程度和不同类型变化的成果。

（一）体育课程目标和教育目的的关系

体育课程目标，是体育学科的总目标，它是指通过体育课程的施教活动要引起的学生最终的变化结果。教育目的是指整个教育事业要完成的最终追求，它是一种精神需求，超越具体的教育活动，是对教育事业的最高概括，具有相对的恒定性。目的概念强调的内涵具有原则性、终极性、理念性和抽象性；目标概念的内涵则有具体性、阶段性、可操作性和可行性。对于课程目标来说，教育目的是最上层概念，制定课程目标就是为教育目的的最终实现服务的。教育目的一般在最高层面上来使用。教育目的对学校课程设计和课程目标有着决定作用。在教学实践中，有时为了强调达到某种要求的原则性、坚决性和重要性，也使用教学目的的概念，但教学目的的概念和教育目的的概念相比，其抽象概括及宽泛的程度是完全不同的。

（二）体育课程目标和体育教学的关系

1. 教学任务

教学任务是指教学过程中所需要完成的各项必要活动，如拟定教学提纲、设计课外作业、进行个别辅导等。在确定和安排教学任务方面，课程目标是其中的指南，教学任务是达成课程目标的手段和方法，是指做些什么或如何去做。教学任务和课程目标两者是条件和结果的关系，通过完成不同的教学任务可以达成同一个课程目标。

2. 教学内容

课程目标是相对于教学内容而言的。如果缺少了课程目标，那么教学内容便会失去选择的方向，目标和内容既不相同又不可分割。体育教学内容非常庞杂，对于体育教师来说，选择什么作为教学内容必须有一个尺度，这个尺度就是体育课程目标。教学活动是按教学内容开展的，课程目标是教学内容实施的效果。

3. 教学过程

课程目标要指引教学过程，总的课程目标可分解为更细的教学过程，二者密切相关。在实施课程时，在备课过程中教师要明确目标、分解目标；在课堂教学过程中要贯穿目标、落实目标，检测目标的达到程度；在整个教学过程中，课程目标是指引，教学过程是达到课程目标的保障和前提。同时，课程目标和教学过程又是统一的。课程目标对教学过程进行指引，而在达到课程目标方面，教学过程是唯一手段，教学过程不是完全被动的，有其主动性。

从对课程目标的相关概念分析中可知，课程目标和教育目的、教学内容、教学过程、教学任务是各不相同的概念，各有特定的内涵。把课程目标从相关概念中分离出来，这样能够对其进行更为清晰的界定。对于课程目标的内涵，可以概括为以下几方面：

（1）在较短过程中具有终结性。

（2）具有多种不同指向的方向性。

（3）具有激励进取的可行性。

（4）在达到方面具有曲折性。

（5）在实施方面具有可操作性。

也就是说，课程目标具有阶段性，能够对教学活动提供指导。

二、学校体育课程目标的功能

（一）定向功能

体育课程教学目标直接指导体育教学活动，同时也制约体育教学结果。体育课程教学实践活动的开展与实施是以课程教学目标为方向的，课程教学目标指引课程教学活动的发展方向，引导课程教学活动的发展轨迹，规定课程教学活动的结果。体育教师不管是确定课时教学目标，还是设计教学活动、组织教学，都要以课程教学目标为依据。同时，体育教学系统的设计方向、体育教学的具体实施方法与程序也同样受到体育课程教学目标的制约和决定性影响。只有先将体育课程教学目标明确下来，才能使教师明确自己要教什么，才能让学生明白自己要学什么。

（二）控制功能

体育教师参考体育课程教学目标，可以修正自己的教学行为，控制教学过程。体育教学活动具有动态性，体育课堂教学是在不断的变化中进行的，对此教师必须要重视起来。教师参考体育课程教学目标，可以获得反馈信息，从而对体育教学活动中的偏差进行及时调整。明确的体育课程教学目标可以更好地控制整个体育教学活动。对于体育教学的相关主体来说，体育课程教学目标更像是一种约束力量，将各方面力量凝聚起来，为共同的目标奋进。只有明确制定了体育课程教学目标，体育教师才可以据此将各种反馈的方法运用在体育教学过程中。

（三）激励功能

作为观念形态的一种价值意识，目标反映了人的需要，当人的需要清晰而明确时，延伸到行为领域就使得动机逐渐形成。所以，一旦确定了体育教学目标后，就能够将学生的学习积极性和学习动力激发出来，使学生产生实现目标的需求与渴望，简单来说，体育课程教学目标可以激发学生的体育学习动机。

让学生了解预期的学习成果，明确成就的性质，才能将其学习的动机激发出来，才能使其为了目标而付诸行动，行动结束后，参照预期的目标，学生可以获得成功的喜悦，获得成就感，或在失败后可以找到自己的问题，吸取教训。

激励理论认为，激励作用的大小遵循"激励力＝目标效价×目标达成度"这一规律，个人对目标价值大小的评价就是所谓的目标效价，目标实现的可能性就是目标达成度。要想最大限度地发挥体育课程教学目标的激励作用，就要根据学生的需要制订教学目标，使学生认识到自己通过努力可以达到目标，这样能够有效激发学生的学习动机和学习兴趣。

（四）评价功能

体育课程教学目标是进行体育教学评价的主要依据之一，所以只有先将课程教学目标明确下来，才能进行科学评价。课程目标是对教学结果的预先规定，在对体育教学活动是否成功和有效进行测量、检查和评价时，需要以教学目标为评价尺度或标准。体育教学是一个序列活动，是一个完整的系统，由多个因素构成和多个环节连接而成，体育教学活动的测量和评价是体育教学系统中非常关键的一个环节。它既要确定预定的结果——是否实现或达到教学目标，又要确定目标达成度，还要获得反馈信息来调整目标，这些都要参照已经制定的目标。体育课程教学目标描述具体的体育教学行为表现，可以为体育课程教学评价提供科学的依据。体育教学目标必须全面、具体和可测量，这样在检验学生学习成果时才能以此为依据，才能提高测验的有效度、可信度。

三、学校体育课程目标定位

（一）过程与目标

课程目标指引教学过程，总的课程目标可分解为更细的教学过程，二者有着非常密切的关系。在课堂教学过程中要贯穿目标、落实目标，检测目标的达到程度；教学过程是达到课程目标的保障和前提。在对体育课程目标进行构建时，要对过程的重要性进行强调，并对以前的课程教学重结论轻过程的弊端进行改革，这是正确的。但过程与目标是两个完全不同的概念，不能在课程目标中纳入过程，也不能用过程来替代方法。

（二）知识、技能和能力

知识、技能和能力是三个既有内在联系又相互区别的概念。

知识是通过实践、研究、联系或调查获得的关于事物的事实和状态的认识，是对科学、艺术或技术的理解，是人类积累的关于自然和社会的认识和经验的总和。

技能是指对知识和动作掌握的熟练程度，技能的学习可分为模仿、学会、熟练等程度不同的发展阶段，达到自动化的高级技能称为技巧。按性质来分，技能分为隐性的智力技能和显性的动作技能。

能力是指个人完成某种活动所必需的个性心理特征，能力可分为能够以成就测量的外显能力和尚未表现出来的心智潜能。

知识、技能和能力虽然三者之间有着密切的关系，但它们的概括程度并不相同。知识主要是对经验进行概括，技能是对动作方式进行概括，能力主要是对调节认识活动的心理过程进行概括，是层次较高的概括。当然，它们又是相互联系和相互转化的，能力是获得知识和技能的前提，知识和技能是形成能力的基础。

（三）方法和方法论目标

科学的方法和方法论是人们认识自然和社会现象的有力武器。"授人以鱼，不如授人以渔。"授人以终身受益的捕鱼方法更能从根本上解决问题。方法和方法论多种多样，体育学科也有其独特的认识方法和方法论。方法和方法论是应列入课程目标体系的一个层面的目标。

第二节　体育课程教学目标的生成及价值取向

一、学校体育课程目标的生成来源

对学校体育课程目标进行确立，课程目标的生成来源问题便是首先要进行探讨的问题，它能够将课程目标的具体价值很好地体现出来。

课程理论研究表明："课程与教学目标的基本来源是学习者的需要、当代社会生活的需求、学科的发展要求。尽管不同的教育价值观对这三个来源的关系存在不同认识，尽管除这三个来源外还可能有其他来源，但这三个方面是课程与教学目标的基本来源，在这一点上，人们已取得共识。"

（一）学生成长的直接需求

对于教育来说，它是一个有计划、有目的地对人进行培养的社会活动。在教育中，人是最为基本的出发点和着眼点。不管处在哪一个教育阶段，不管是哪一种教育类型，不管是哪一种课程，使人自身的生存和发展的需要得到满足，促使人得到全面、自由的发展，这些都是教学活动的中心。所以，对于学校体育课程目标来说，学生自身的需要是其基本来源。

学生的需要具有高复杂性。这主要表现在以下几个方面：

第一，它是不断生成、不断发展、不断变化、不断提升的。

第二，它具有个体差异性和年龄阶段性。

第三，根据时间的流动来进行划分，它有着现实生活的需要以及未来生活的需要之分。

第四，对于学习者来说，其大多数需要都是本人能够清晰、主观地意识到的，但也有一些需要是本人难以清晰或无法意识到的，需要得到教师或他人的引导和帮助，才能促使自身的自觉需要得到提升。

第五，就学生自身需要来看，在成长过程中，学生不仅要有增长知识，促使自身能力得到提高的需要，同时还要有发展价值观、态度、意志、情感的需要。因此，学生需要的内容是非常丰富的。

泰勒认为，学生的需要主要可以分为以下几个方面：

（1）健康。

（2）直接的社会关系，包括亲朋好友和家庭生活关系。

（3）社会公民关系，包括社区和学校的公民生活。

（4）消费者方面的生活。

（5）娱乐生活。

（6）职业生活。

需要根据马斯洛的经典需要理论可以被划分成生理需要、安全需要、归属和爱的需要、自尊的需要、自我实现的需要。相关研究表明："学生的需要主要表现为：获取知识和增强各种能力的需要、自尊的需要、爱和归属的需要、充分发挥自己作用的需要、全面发展的需要、享受的需要等。"

因此，学校体育课程目标对学生需要的关注，并不是说其课程目标要使不同学生的所有需要都得到满足。学校体育课程目标主要从以下几个方面出发来对学生的需要进行满足：

（1）从时间角度来对学生的需要进行考虑。

（2）从学习内容角度来对学生的需要进行考虑。

（3）从学生的个体差异角度来对学生的需要进行考虑。

（二）体育课程范式的内在要求

对学校体育课程目标形成制约的基本来源是体育课程，这也是"原生性来源"。根据现代课程论的相关观点可知，学科具有两方面的功能，一方面是专门化的研究领域必备的一种属性，这也是学生自身具有的特殊功能；另一方面是将学科领域作为一种工具，以促使个人生活的需要和社会的需要都能够得到满足，这也是学科具有的一般功能。前者指向学科知识本身的创新与建构，学科本身规律的探讨被放在首位；后者指向学科知识的运用，学科在课程体系中更多体现的是它的工具价值。

长期的实践表明，在制定体育课程目标时，人们通常对学科的特殊功能进行着重强调，对本学科在学生智育、美育、德育中的优势进行论证，并将课程目标定位为将每一个学生培养成体育领域的专家，却对学科的一般功能过于忽视，由此造成学科内容忽视大部分人在社会生活中对该门学科知识的需要。

学校教育将体育纳入课程体系之中，并不是对体育方面的专门人才进行培养，这是显而易见的。作为一门普通课程，学校体育进入这一课程体系，主要是为了使学生个人的生活需要以及社会需要得到更好的满足，其中也包含了使学生职业生活的需要得到满足。

因此，课程目标根据体育学科的功能进行确定，应尽可能地避免课程目标对学科特殊功能过于重视，而对其一般功能进行忽视的倾向。同时，也要避免另外一种倾向：对学科的一般功能过于重视，而对学科本身内在的逻辑和规律以及体育知识承载的价值过于忽视。体育学科主要的规律就是在室外对学生开展运动教育和身体教育，强调掌握运动技术，增强体能并养成良好的态度行为；体育学科最为基本的手段就是学习运动技能、练习体能和参与运动的行为。在对体育课程目标进行制定时，必须要同体育学科的基本规律相符合。

（三）社会发展的实际需要

社会的需要是指社会政治、经济、科技文化的发展对学校体育提出的要求。学校体育要同智育和德育紧密配合，对全面发展的建设者和接班人加以更好地培养。学校体育目标得以确立的基本依据就是要培养有理想、有道德、有文化、有纪律、体魄健壮的社会主义新人。

作为个体，学生最终会成为一个社会人融入特定的社会之中，对于学校教育来说，其主要的任务之一就是要促使学生逐渐社会化。社会发展的需要主要是从个人发展的具体需求方面得以体现出来。使学生的需要得到满足，在某种程度上促使学生的发展同满足社会发展的需要相一致。个人发展与社会发展有一致、统一的一面。显然，社会得以良好的发展能够更好地促进大多数人的个人发展，社会如果发展不好，那么就会对大多数人的个人发展形成束缚；反之，绝大多数人的良好发展对社会的发展也能够起到积极作用，绝大多数人如果得不到良好的发展就会对社会的发展造成阻碍。因此，在现实生活中，个人良好的发展其重要标志就是这种发展是否对社会的发展产生积极作用。另外，绝大多数人良好发展是社会良好发展的一个重要标志。

针对人才，现代社会的要求主要可以归纳为健壮的体魄、高超的智能、良好的心理素质和团结协作精神。体育课程是将促使个体自身得以发展作为主要任务的一门学科，在培养具有符合社会需要的身体条件的劳动者方面发挥着重要作用。

二、学校体育课程目标的价值取向

课程与教学目标是一定教育价值观（教育目的、教育宗旨）在课程与教学领域的具体化，因此任何课程与教学目标总有一定的价值取向。学校体育课程目标的基本价值取向就是对于学校体育课程目标，人们所持有的总的认识和看法。

学校体育课程目标得以生成的基本来源就是学生的需要、体育课程的特性、学校教育的培养目标、社会发展的需要。对其中的某一方面进行过分强调，都会造成课程本身的发展失衡。如果学校体育课程目标对学校教育培养目标进行被动的适应，那么体育课程便会失去独立学科的地位，而进一步沦为"专才"教育的附庸。如果学校体育课程目标能够使学科本身发展的需要得到满足，将学科的特殊功能突出，课程目标定位过高，就会造成体育课程与学生的具体实际相脱离，课程内容便会失去生活意义。如果学校体育课程目标定位于满足学生的个人生活和社会生活需要，体育课程就有可能让学生牵着鼻子走，又有可能架空教育引导和促进学生发展的职能。因此，为了确保体育课程能够得到平稳发展，充分发挥体育课程的职能，促使学校体育真正成为学校教育课程体系中的重要组成部分，就必须要对四者之间的关系进行权衡，做出最为恰当的选择。

（一）以学校体育向社会体育的转化作为立足点

相对于中学体育教学这一层次来说，高校体育课程是处在高层次的，它是由高校体育教学处于从学校体育锻炼向社会体育锻炼转换的特殊阶段所决定的。

初中阶段的体育教学主要是对学生生活和学校运动会中常见的运动项目较为细致的技术进行传授，教给学生如何通过运动技能来更好地参与身体锻炼。高中阶段主要是将竞技运动项目的学习以及相应的体育保健教育作为教学内容。大学体育应向着娱乐体育、生活体育、体育的文化性方向发展，以对学生参与运动的兴趣进行培养，更好地发展学生自我体育锻炼的能力。大学体育应将那些在生活中比较常接触到的，能够在离开学校之后还能继续参与的社会性体育项目作为主要的教授内容。

概括地说，小学是对学生基本的运动技能、身体活动能力以及体能锻炼进行培养；初中是对常见的身体锻炼方法和运动技术进行培养；高中是进行健康教育和竞技教育；大学是进行娱乐体育和生活体育教育，对高层次的体育能力进行培养。

因此，高校体育课程目标从终身体育能力的培养和学校体育向社会体育的转换来看，要体现出体育能力的"高层次"。

（二）以终身体育能力培养为核心

作为一门独立的学科，体育具有其自身的规律性。在学校教育课程体系中，它的地位是无法被取代的。这种独特性主要表现在它是将学生的身体练习作为主要的练习手段，并以增强学生体能和身心健康作为目标的教育过程。

学校体育是以对学生的体育实践能力进行培养作为主要目标，对学生的体育运动习惯进行培养，促使学生终身体育能力得到发展，为学生现在以及将来的身体健康提供服务。

随着高等教育改革的深化，高校体育已从运动技能教育和增强体质教育向素质教育转型，能力教育成为教育改革的重点，也是素质教育的要求。现有资料表明，大学生普遍缺乏体育知识，有 2/3 的学生并没有形成特长体育项目，绝大多数学生并没有形成良好的身体锻炼的习惯，这说明在体育教学中能力教育依然是薄弱环节。

个体体育能力是终身体育行为得以实施的基础条件。作为一种特殊的能力，体育能力是指由个体的体育知识、体育智慧、体育技术技能构成的一种个性身心品质的综合体，这主要表现为具体体育活动的健身手段和锻炼方法。

体育能力是运动实践能力。它是能够对体育运动进行驾驭的能力，是以体育活动作为媒介的实践能力。体育能力主要包括体育学习能力、身体运动能力、科学锻炼能力以及锻炼评价能力。对体育能力进行培养是体育课程教学训练内容的内化过程，是个体在进行自我锻炼时对体育知识技能的运用，是终身体育行为的基础条件，是体育知识运动技能的高级层次，也是学校体育课程的核心部分。

（三）以学生终身体育锻炼习惯的形成，促进学生身心健康为理想目标

终身体育是指一个人终身主动接受体育指导、教育，参加体育锻炼。终身体育要求，受教育者既要在学校接受体育指导，增进健康，增强体质，形成良好的体育学习和体育锻炼的习惯、能力和意识，同时在毕业之后还要坚持参与体育学习和体育锻炼，以终身受益。终身体育的形成，同现代社会发展对体育的需求，同终身教育观的产生和发展以及人们对提高生活质量的需要都具有非常密切的关系。社会生产力的发展以及人民生活水平的不断提

高，都会对人的身体和精神提出更高的要求，在体育方面的需求也必然会随之高涨，这对于个体终身体育行为的实施有着良好的促进作用。

终身体育使得学校体育朝着终身化的方向发展，为终身体育打基础成为学校体育的目标之一。习惯和兴趣是人的个性心理特征。所谓兴趣就是对某一活动、某一事物能够表现出来的积极心理倾向；习惯是指通过进行反复实践而逐步养成的无须意志努力和监督的自动化行为模式。对学生参与体育锻炼的兴趣和习惯进行培养，能够为学生终身参与体育运动打下良好的心理基础。体育锻炼能力是指个体在运动实践中运用体育知识、运动技术的能力。它也是在长期的体育锻炼过程中逐渐得以形成的一种能力。在对终身体育行为的影响方面，学生的体育锻炼兴趣和能力是其中的两大基本要素。对学生的体育锻炼兴趣、习惯和体育锻炼能力进行培养是学校体育课程的主要任务。

健康是生活的出发点，也是教育的出发点。学校体育的根本目标是增进学生身心健康。学校体育要对健康与体育的本质联系加以很好的把握，通过学校体育教育来对学生终身体育健康与终身体育的意识、行为和能力加以培养。终身体育体现了健康的宗旨，体现了追求健康、提高生活质量的过程。通过学校体育课程，应使学生拥有通过参与体育教育运动来提高健康的能力，形成通过体育锻炼增进健康的习惯和意识。对学生终身体育意识、习惯和能力进行培养，其目的就是要实现"健康第一"的目标。对于终身体育来说，高校体育是其中的关键环节，必须要将终身体育作为主线，以使学生能够终身受益作为出发点，着眼未来，从而为学生终身体育打下良好的基础。

体育课程不应仅限于发展身体的功能，有效地实施素质教育是体育教育的必然归宿。我们要对体育课程的目标问题加以重新审视，坚持健康第一、以人为本，面向全体学生，努力将体育从增强体质层次逐渐上升到健康教育的层次，从而更好地满足现代人越来越强烈的身心需求，将体育发展成为健康生活的重要内容。

第三节　体育课程教学目标的结构内容及教材体现

一、体育课程目标的结构内容

（一）体育与课程目标的结构

课程目标的确立同学科的功能有着非常密切的关系。学科功能主要包括以下两方面：

（1）学科的一般教育功能。

（2）学科的特殊功能。

根据最近几年的研究来看，对于学校体育功能的开发，我国学者的研究越来越多元化，如个性养成、促进社会化、文化传承、强身健体、社会交往等，这也为多元体育课程目标的确立奠定了良好的基础，同时也为改变传统体育课程目标对认知、技能类目标过于重视，而对学生态度、情感、个性等目标过于忽视的弊端提供了理论依据。在对体育课程目标进行构建时，首先要对在完成一般教育功能方面体育教学的局限性进行充分的认识和考虑。体育课程必须与其他课程协同，与其他教育途径（家庭、社会）协同，才能有效实现一般教育功能。因此，在对体育课程目标进行确定时，要对目标实现的具体条件进行分析，避免目标泛化，进而避免对课程实践带来困惑。

课程目标实现的一个重要方面就是学校体育特殊功能的达成。强调学校体育的一般教育功能，是为了更好地实现促进学生身心全面发展的教育目标。但是体育课程目标的构建，还应突出体现其特殊功能。从本质上来说，身体性活动是体育课程的重要特征，增强体能、促进身体健康是学校体育最本质的功能，而其他功能都是在本质功能的基础上派生出来的。因此，在构建体育课程目标时，无须过分追求学校体育功能的面面俱到，而应在忠于学校体育特殊功能的前提下，协调它与其他功能之间的关系，从而满足教育目标的要求。

2002 年教育部下发的《全国普通高等学校体育课程教学指导纲要》所规定的体育课程目标内容虽然实现了课程目标的多元化，但是依据两条主线将课程目标领域划分为运动参与、运动技能、身体健康、心理健康和社会适应五个方面的分类方法无法体现目标分类的区分性，没有显现目标的主次，将使目标的细化难以实现。

随着目标理论研究的深入，我国的课程改革受到西方国家现代教育理论的深刻影响，如布鲁姆、加涅、奥苏伯尔等人提出的目标分类理论。这些理论在我国构建学校目标体系方面都提供了很多启示。在对学校体育课程目标进行构建的过程中，首先要对目标中的显性目标和隐性目标进行区分，这也可以称为学科目标和超学科目标。接着根据显性目标和隐性目标要达到的效果来分别确定相应的效果目标，即现时身体健康目标、终身体育目标、心理健康目标、认知策略和智慧技能目标。紧接着要以效果目标作为基础，来对各效果目标的学习领域目标加以确定。

（二）学校体育课程目标的内容

根据学校教育目标和学校体育课程的价值取向，可以将学校体育课程的总目标确定为以下几点：

（1）促使体能提高，更好地形成积极参与身体锻炼的生活方式。

（2）对体育与健康知识加深理解，以更好地获得体育与健康的相关知识。

（3）形成良好的体育运动爱好和专长，促使体育实践能力得以增强，对终身体育的习惯和意识进行培养。

（4）对与职业有关的动作技能和身体素质进行培养。

（5）促使学生良好的心理品质得到发展，提高心理状态的调控能力，增强社会适应性，更好地培养良好的体育道德观念。

学习领域是指在"体育与健康"课程课程中按学习内容性质的不同而划分的学习范畴。根据学校"体育与健康"课程课程目标与体育的功能，可将学校"体育与健康"课程课程的学习划分为一般身体发展体能、体育运动的认识与知识、专项运动技能、道德培养、社会适应、心理调适、体育态度、认知策略和智慧技能等学习领域。以上这几个学习领域的划分能够很好地将"健康第一"的指导思想体现出来，与"体育与健康"课程课程的性质相符合，这对于实现课程目标是非常有利的，能够很好地发挥"体育与健康"课程课程健身育人的功能。但高校体育课程对运动实践十分看重，应重点对学生的终身体育能力进行发展，体育课程的超学科目标并不是这一阶段的重点。因此，在分析具体的学习领域目标时，并没有细致地划分"体育与健康"课程课程的超学科目标学习领域。

学习领域目标是课程目标的进一步明确与具体化，是期望学生在特定学习领域达到的学习结果。达到学习领域目标就意味着实现了课程目标。

学习领域的具体目标包括以下几个方面。

1. 学校体育课程学习的实用身体素质目标和体能目标

学校体育课程学习的实用身体素质目标和体能目标包括以下内容：

（1）对体能的重要性以及构成要素进行认识，并对营养、环境、不良行为对体能产生的影响进行认知。

（2）对一般体能发展的练习方法进行掌握。

（3）发展同职业相关的身体素质、职业相似动作技能，提高对职业环境的适应性。

体能也叫"体适能"，它主要是通过参与体育锻炼来获得。体能又被分为两大类，一类是同健康有关的体能，主要包括柔韧性、心肺耐力、身体成分、肌肉力量、肌肉耐力等；一类是同动作技能有关的技能，主要是指从事体育运动所需的力量、速度、协调性、灵敏性、反应和平衡等。对体能练习领域进行划分的目的就是让学生从认识上能够对体能在健康水平提高方面具有的重要意义有一个认识，并对体能发展的相关方法进行掌握。在学生通过积极参与体育活动，发展体能的同时，也要使学生更好地了解环境、营养、不良行为等因素对体能产生的影响，从而促使他们养成健康的生活方式，促使学生的身体健康水平得到有效提高。

职业实用身体训练是一种专门化的教育过程，它通过使用体育的形式、手段和方法，能够为发展和完善人们适应职业劳动必需的运动技能提供最大限度的保证，从而在独立生产活动中更好地保持良好的工作能力。研究表明，一般身体训练水平与顺利适应职业需要和提高劳动效率之间并不存在直线相关。如果只是简单地认为只要有健康的身体，具有良好的身体训练水平便能够更加容易地掌握专业技能，这是不正确的。为了顺利掌握专业技能，必须发展对某些具体专业最为重要的身体素质和身体活动技能。

2. 学校体育课程学习的体育文化素养目标

学校体育课程学习的体育文化素养目标包括以下内容：

（1）对体育运动与身体健康、体能、心理健康和社会适应之间的关系进行充分的理解。

（2）对体育保健的知识与方法加以掌握。

（3）对科学进行体育锻炼的知识和方法进行掌握。

（4）对体育运动中的科学膳食和自我医务监督的方法进行掌握。

（5）对运动损伤的康复和预防的方法加以掌握。

（6）对自我评价身体健康状况的方法以及运动处方制定的方法进行掌握。

（7）专项运动相关知识认知。

文化分为两种，一种是狭义的文化，一种是广义的文化。狭义的文化同教育有着更为直接的关系，它是指精神的或观念性的文化，即人类以及社会成员的身份习得的复合性文化，包括信仰、知识、道德、艺术、风格、法律和其他所有习惯和能力。体育文化是同人类体育运动相关的物质、制度、精神文化的总和，主要包括体育价值、体育情感、体育道德、体育理想、体育物质条件和体育制度等。体育的技术方法属于体育认识的范畴，它是人类认识过程的一种特殊形式。现代体育文化形态的目的就是求得身体的培养和发展，保持良好的生理和心理状态，增进心理健康，人为地维护社会稳定，发展体育意识和体育理想。体育文化素养是人们所习得的体育知识、技能和由此形成的正确的体育认识、价值观，以及正确的待人处事态度和方式等的复合性文化知识，即人的各种精神要素及其品质的总和。它通常包括六个方面，分别是体育个性、体育技能、体育意识、体育知识、体育行为和体育品德，主要从物质层面、精神层面和社会层面表现出来。

物质层面，指人在体育活动中表现出来的包括各种身体活动在内的体育行为。

精神层面，指人的体育个性特征和心理品质。

社会层面，指个体带有的一定社会属性，如体育社会倾向、体育文化水平、体育品德素养等。

体育运动的认识与知识学习领域主要是让学生通过成功的体育运动体验，促使体育认识得以提高，进而对体育运动在身体、心理以及社会健康等方面的重要性以及它们之间的相互关系进行理解。此外，还要让学生对体育活动的知识和方法、自我保健的知识和方法进行科学掌握，从而更好地指导自身的课内、课外、校外的体育运动。

3. 学校体育课程学习的专项运动技能目标

学校体育课程学习的专项运动技能目标包括以下内容：

（1）掌握与运用1~2项能终身进行的运动项目技能。

（2）理解运动项目的锻炼价值。

（3）能安全地进行专项技能活动。

从学校体育与社会体育的衔接来看，学校体育内容的选择与学习应具备长效性特征。学校体育应适当教给学生终身体育运动、健康能够用得上的内容。在对体育基础知识、基本运动技术进行学习和掌握的基础上，要对学生个别运动项目的兴趣和爱好加以培养，使他们形成 1~2 个优势项目。

要对终身体育思想进行贯彻，就要将终身能够坚持参与、运动技能熟悉程度、个人或协作两可、有效促进身体健康等条件作为体育教材取舍的标准，这种价值取向将终身体育的主导思想很好地反映出来，这对学生终身参与体育的意识、能力和习惯的培养也是非常有利的。在其他领域的学习目标实现方面，运动技能学习是其中的一个主要手段。

运动技能领域重视学生掌握与运用多种基本运动技能，重点发展 1~2 项优势运动项目，并以此作为基础来更好地形成自己的兴趣和爱好，促使终身体育锻炼的能力提高。同时，在学习的过程中也要对体育活动的知识和方法进行了解，以更好更安全地参与体育活动，并对某些运动项目的锻炼价值进行理解。

4. 学校体育课程学习的体育态度目标

学校体育课程学习的体育态度目标包括以下内容：

（1）对体育运动与现代生活方式的关系（体育运动的价值）进行理解。

（2）对积极的运动情绪加以体验。

（3）对运动胜利的心理状态进行体验。

运动参与是提高学生体能，提高学生运动技能和健康水平，形成积极参与体育活动态度的重要途径。体育学习态度领域主要是促使学生能够对体育运动在丰富业余文化生活，提高生活质量方面的重要价值进行理解，通过采取丰富的体育活动内容，多样的体育教学手段，来更好地激发学生参与体育运动的爱好和兴趣，以促使学生积极参与体育运动的行为和态度，养成终身体育意识和坚持参与体育锻炼的习惯。

5. 学校体育课程学习的超学科目标

学校体育课程学习的超学科目标包括以下内容：

（1）对体育运动在心理健康方面的作用进行了解。

（2）掌握通过体育运动来对情绪进行调控的方法。

（3）体验运动中的人际交往，形成良好的竞争、合作意识。

（4）表现出良好的体育道德品质。

（5）更好地了解体育运动对个体智慧技能和认知策略的影响。

体育学习领域的超学科目标包括心理调适目标、社会适应目标、道德培养目标、认知策略目标和智慧技能目标。以上这些目标虽然不是体育课程的主要目标，但都是促进学生健康发展和全面发展的重要部分，体育课程学习和其他科目的学习都是为达到这些目标而共同努力。需要注意的是，以上这些超学科目标并不是高校体育阶段的主要目标，体育教学内容的选择要将发展高校这一阶段的主要目标作为主导依据。

作为一个有机的整体，学习领域目标是组成"体育与健康"课程课程目标内容的一个完整体系。它们是相互影响、相互联系的，某一学习领域不能脱离其他学习领域而独立存在，而各个学习领域的学习目标是通过身体练习以及身体练习活动的组织与实施来实现的。

二、学校体育课程目标的教材体现

（一）教材结构体现课程目标

学校体育课程目标体系首先对体育课程的学科目标以及超学科目标进行了区分，然后根据学科目标以及超学科目标达到的效果对效果目标进行确定，也就是当前身体健康目标、终身体育目标、心理健康目标、认知策略目标和智慧技能目标。接着以效果目标作为基础来对各个效果目标的学习领域目标进行确定。现今学校体育课程的教材多种多样，这些教材往往依照体育理论和体育运动项目来进行分类讲述。教材的章节构成主要包括运动保健知识和运动项目技术教学内容，技术教学的内容占据了教材的绝大多数篇幅。而技术教学的内容往往局限于技术动作的细节和动作的练习方法，无法将体育课程的目标和相关要求体现出来，甚至对体育课程目标的具体要求无法反映出来。体育课程教材是体育教学的蓝本，体育教学过程又是实现体育课程目标的主要途径。

教学过程不属于课程目标的内容，但是教学过程是达到课程目标的主要途径。教学过程虽不属于目标，但学校体育课程强调要从过程的角度改革体育课程教材，把过程提到一个相当高的高度来认识。强调学生要参与教学活动，与他人合作，共同探究，倡导学生自主性学习和研究性学习，避免过分偏重讲动作技术的细节要求。这一点也正是学校体育课程教学需要进行改革的地方。体育教学过程主要是指学生认识体育的认知过程和教师施教的活动过程。为了使这个过程更好地体现出来，就需要对体育教材的呈现方式以及教材比例结构进行调整和改革。

（二）教材内容设计体现课程目标

1.加强过程性，注重学习过程性目标的达到

广大体育教师在教育教学实践中对只重视结果、不重视过程的弊端已经逐步认识到，对学生学习过程和教师教学过程的重要性有了更为深刻的体会，并尝试对教学过程和方法进行改革，在学生体育理论和技术知识的形成与应用过程中促使学生的体育能力得到发展。对"过程"的把握必须有利于学生对相应体育知识和运动技术动作的理解和掌握，必须让学生在体育学习活动中去"经历"，在这些过程中让学生发掘具体的知识、技能或方法。

在编制教科书和实施教学的过程中，应提供一定的活动性素材，给予学生大量实践活动的机会，让学生通过亲身的实践活动，在活动过程中促进过程性目标的达到。在编制体育课程教材的过程中，应提供大量与现实生活相近的背景，要求学生通过一定的合作交流和自主探索，从中体会某一技术动作或某一运动项目的规律，在这样的过程中，促使学生的体育活动经验和技术理解能力得到发展，以更好地发展学生的运动兴趣和体育能力，初步形成运动价值观。

2.加强教学内容的活动性，力图在学生的活动过程中达到情感目标

在体育学习过程中，学生能积极参与体育学习活动，并从中获得一定的成功体验，从而对体育产生兴趣，建立提高体育能力的自信心。在体育活动过程中，通过进行合作交流，来更好地克服困难，促使学生体育能力得到提高，以对学生克服困难的意志进行锻炼，促使学生合作与交流的能力和意识得到发展，社会适应能力得到提高等。学生情感性目标的达到需要学生参与

活动。在这种有设计的体育活动中学生必将克服许多困难，并体会到合作交流的重要性，学会与人合作交流的策略。因此，教师在编制教科书和实施教学的过程中，应创造大量的活动机会，在活动中帮助学生情感性目标的达成。当然这样的活动既可以是操作性的，也可以是思考性的；既可以通过学生自我研究获得，也可以通过同伴的交流讨论获得。

在设计教学活动时，要对活动的可操作性、问题的层次性等加以充分考虑，以让所有学生在活动中都能获得相应的成功体验，努力将体育教学和学习过程转变成一个愉快的、积极的和富于想象而又与现实生活相贴近的过程，在其中学生将形成积极的情感体验，感受到体育活动的乐趣。

3. 突出差异性和选择性，使所有学生都得到应有的发展

《全国普通高等学校体育课程教学指导纲要》规定，高校的体育课程要根据学校教育的总体要求和体育课程的自身规律，面向全体学生开设多种类型的体育课程，可以打破原有的系别、班级建制，重新组合上课班级，以满足不同层次、不同水平、不同兴趣学生的需要。学生个体的发展不可能是整齐划一的，学校体育课程要为每一个学生提供不同的发展机会和可能，做到既面向全体，又能针对个体，有效地使学生得到自己应有的发展。

为此，在编制教科书和实施教学的过程中，要尽可能地突出内容的选择性和差异性。对于相同的课堂教学内容，也要关注选择性和差异性，使不同的学生都能够从中获得不同的发展。这就需要学校体育课程教学要对学生已有的经验进行充分的肯定，在课堂中引入丰富的现实情境，鼓励学生更好地发展自己的体育特长，促进同伴间的合作与交流，促使学生在交流与合作中获得提高。

第三章 体育课程内容资源的挖掘与开发

不同的高校，体育课程教学的内容也不尽相同，各地区和学校根据教育部门的相应文件对体育课程教学的内容进行选择与设置。因此，通过对高校体育课程内容的选择和设置进行研究和分析，才能够更好地开展体育教学。

第一节 体育课程内容概述

一、体育教学内容的概念

体育教学内容，就是以达到体育教学目标为目的而进行的体育知识和技能体系等方面的选择和运用。体育教学内容在体育教学实践中作为教师教给学生的实践材料而存在。在体育教学中，教学内容的选择，是教育者根据教育的一系列要求，通过对前人体育和教育实践经验进行综合总结，按照教育原则，进而从丰富的体育技能理论当中精挑细选出来的。教学内容在教师与学生中间扮演着中介和媒体的角色，决定着教师和学生之间的信息交流。体育教学内容在很大程度上决定着体育教学的效果和质量。体育教学具体有以下两方面的内容。

（一）体育教学内容有别于一般的教学内容

第一，体育教学内容在依据体育教学的目标选择的基础上，根据学生身心发展的规律以及需要，在教学条件的允许下精心挑选和加工而来的体育内容。

第二，体育教学内容是以大肌肉群的活动状态进行的体育内容，主要的形式有运动技术学习和教学比赛以及理论讲授等。

第三，体育教学内容的传授依赖于某种特定的体育教学条件。

（二）体育教学内容往往区别于竞技运动的内容

第一，体育教学内容存在的目的是进行教育，而竞技体育运动的内容其目的则是娱乐和竞技，并不是进行教育。

第二，体育教学内容在成型之前必须根据教育目标的需要进行一定程度的改造和编排，而竞技运动内容则可以理解为更加单纯的体育。

体育教学内容从形式上来说，跟其他学科的教学内容相比是有很大的区别的，体育教学的内容虽然从来源上讲是娱乐和竞技等方面，但却与其本身在体系上就有非常多的不同之处。这些特点使得体育教学内容拥有独特的性质，并且在教学内容中处于一种独特的地位，同时也说明体育教学内容从选择、加工以至于教学当中，相比于其他教学内容都更加复杂。

二、体育教学内容的特点及分类

（一）体育教学内容的特点

1. 教育性

体育教学内容是对受教育者进行教育的媒体，故人们把这些身体活动选为体育教学内容时，首先要考虑的是它的教育性。体育教学内容的教育性主要体现在以下几个方面：

（1）对学生的身心发展有好处。

（2）摒弃了落后的东西（如赌博、伤害性搏斗等）。

（3）既有冒险性又比较安全。

（4）适合大多数学生。

（5）避免过于功利性。

2. 运动实践性

体育教学内容的实质是身体运动的一种实践，这是区别于其他教学内容的地方。体育教学内容可以说"是以有关身体运动的学习和身体运动的技能形成为主要培养目标的内容；是以运动为媒介，以大肌肉群的活动状态进行教育的内容"。体育教学内容的学习并不单单是学生大脑思维的活动，学生不仅要对内容进行理解，并且要进行运动学习以及身体练习。学生在参加体育学习的过程中，要通过运动中的肌肉本体感觉的形成与动作的记忆，来判断自己是否真正掌握了教学内容，因此在体育教学内容中，学生的学习是要将思维和行为联系起来的。所以体育教学内容的学习尤为强调练和做等实践行为，因而呈现出运动实践性的特征。

3. 健身性

体育的一个重要功能就是增强体能、增进健康。体育教学内容学习的实质是体育知识、身体练习和技能的学习。体育教学的主要目的，是通过对身体练习的运动负荷量以及强度进行合理的安排，从而使学生的体质得到增强，变得更加健康。体育教学内容对于学生增强体质、增进健康的作用，是其他所有教学内容所不具备的。

4. 娱乐性

体育教学内容大都来源于体育运动项目，而大多数体育运动项目都具有较强的趣味性、娱乐性特点，所以体育教学内容也不可避免地带有一定的趣味性与娱乐性。体育教学内容具有的娱乐性源于运动学习和运动竞赛过程存在的诸如竞争、合作、表现欲等一系列的心理过程，这些心理过程很大程度上能够给学生带来乐趣，从而使学生获得对运动的新的体验，提高学习的成就感。除此之外，运动的环境、场地、比赛规则、比赛形式等的变化也能够体现体育教学内容的娱乐性。另外，学生在追求运动乐趣的过程中，通过别人的帮助在情感上也会获得深刻而丰富的体验，从而起到愉悦身心的作用。

5. 人际交往的开放性

体育教学内容有很多，但大多数内容的主要形式都是集体性活动，这种集体性教学活动与其他教学不同，往往是进行时空的变换。因此，在体育教学中对运动的学习、练习和比赛当中学生之间有着非常频繁的交往和交流，与其他学科的教学内容相比，体育教学内容在人际交往方面无疑具有更明显的开放性。体育教学内容正是由于人际交往的开放性特点，教师与学生之间、学生与学生之间的关系才能够更加密切而开放。在这样的情况下，通过体育教学内容的学习能够帮助学生有效地提高社会适应能力。

6. 非逻辑性

与其他学科的教学内容不同，体育教学内容往往不存在一般学科教学内容之间清晰的由易到难、由简到繁的阶梯性结构，在逻辑结构上，体育教学内容没有明显的从基础到高级的体系，并且其排列也不是直线递进式的，而是复合螺旋式的，这样的体育教学内容在选择时的灵活性更强。

（二）体育教学内容的类别划分

1. 体育教学内容的宏观层面

体育教学内容从宏观层面来看，可以分为三个层次，国家课程和教学内容为第一层次，地方课程和教学内容为第二层次，学校课程和教学内容为第三层次，其具体内容如下：

（1）国家课程和教学内容。国家课程和教学内容是国家教育部门规定的统一的教学课程和教学内容，以教学大纲或相应的课程标准的形式呈现。这些内容具有一定的普及性，是为了使学生达到一定的标准而设定的。它是一个国家体育课程框架的主体部分，所涵盖的内容和所占的课时比例与地方课程和教学内容、学校课程和教学内容相比是最多的。

（2）地方课程和教学内容。该层次是省一级的教育部门根据国家相应的各个阶段的教学内容，结合当地的社会文化环境和发展状况开发的体育课程和教学内容。地方课程和教学内容具有一定的适应性，能够充分发挥地方的地域特点，具有重要的价值和作用。

（3）学校课程和教学内容。学校课程和教学内容是指学校根据国家和省级的课程和教学内容，设计和开发出多种多样的、适合学生学习的各项教学内容。该层次要求结合本校的教学特点、学生的特点和需求，进行充分的评估。该层次的教学内容能够充分发挥本校的文化内涵，并充分地利用体育教学资源，充分尊重和满足学校师生的独特性和差异性，特别是使学生在国家课程和教学内容与地方课程和教学内容中难以满足的那部分发展需要得到更好的满足。

2. 体育教学内容的微观层面

教学内容是课程的载体，从微观层面来看，体育教学内容可以分为四个层次：教学指导纲要所规定的学习领域、教学指导纲要所示的水平目标、教学硬件与软件、具体教学内容。

（1）第一个层次是教学指导纲要所规定的学习领域，如体育课程教学指导纲要规定的"身体健康、运动参与、运动技能、心理健康、社会适应"五个学习领域。这是通过分析活动领域来表述的，并不是通常意义上的体育教学内容。

（2）第二个层次是教学指导纲要所示的水平目标，这是第一个层次的具体化形式。该层次也不是通常意义上的体育教学内容，这是对能力目标的分析。

（3）第三个层次是教学中具体运用的硬件与软件，如足球、网球、体操等与课程相关的运动场地和运动器材。

（4）第四个层次是具体教学内容，即某项教学内容的下位教学内容。例如，动作教学内容（足球的各种动作练习）、游戏教学内容（与足球关系密切的游戏）、认知教学内容（与足球关系密切的知识）等。

（三）体育教学内容的分类方法

体育运动项目有很多，其内容也异常丰富，因此在将这些内容进行分类时，采用何种逻辑分类就成为一个重要的课题。合理地对体育教学内容进行分类能够使教师和学生更加深刻地认识体育教学内容，从而更好地参与学习。

目前，关于体育教学内容的分类方法大致包含以下几大类。

1.根据人体基本活动能力分类

以人体的基本活动能力为依据进行分类，就是根据人类具有的走、跑、跳、投、攀登、负重等基本活动能力，对所有的运动项目、身体练习进行分类。

这种分类方法比较灵活，不会受到正规的体育运动项目的限制。所以，这种方法有利于在组合教学内容的基础上对学生的各种身体动作和基本活动能力进行发展，所以这种分类模式对于学生比较适合。但这种分类方法在学习掌握体育运动技能、发展体能等方面的局限性比较强，对于学生来说，其要求往往无法满足，容易使学生缺乏从事体育运动的动机。

2.根据身体素质分类

此种分类方法可以根据速度、力量、耐力、灵敏、柔韧，或者根据与动作技能相关的体能分为速度、力量、灵敏、协调、平衡、反应等，也可以根据与健康相关的体能将身体素质分为心肺耐力、柔韧性、肌肉力量、肌肉耐力、身体成分等，将不同运动项目的身体练习进行完全不同的分类组合。

这种分类方法具有较强的针对性，对于使学生正确认识各种体育运动项目与身体练习以及对体能的发展相当有利，同时还能够有目的、有针对性地发展学生的体能。但此分类方法也有一定的弊端，那就是在体育运动项目当中，许多项目并不是以提高某一方面的身体素质为前提的，因此对待这类项目时这种分类方法显得比较模糊，而且这种分类方法在对体育教学内容的文化特性的认识上可能将学生带入误区中，使学生对体育运动文化方面的认识不足。

3. 根据运动项目分类

此种分类方法较为常见，它是按照各个运动项目的名称和内容进行的分类，大致可以分为球类、体操、田径、武术、体育舞蹈、冰雪运动、水上运动等。

这种分类方法在各个方面都更加容易理解，对于学生了解和掌握体育运动文化具有非常大的帮助。但是这种分类方法容易忽略一些在教育上可能有突出作用，但并没有被列入正规体育比赛项目的一些运动项目，而且即使引入正式比赛的项目当中，也可能由于规则、技能等方面具有相当高的水平，与学校体育并不相符，所以如果将其纳入体育内容当中必须进行一定程度的改造，但经过改造后，这类教学内容往往会与本来的运动项目出现非常大的差异，因此在内容上更加难以判别，对学生在运动项目的理解和掌握上造成非常大的影响。

4. 综合交叉分类

综合交叉分类是一种将基本部分与选用部分、理论与实践教学内容、各项运动的基本教学内容与提高身体素质练习教学内容等相互交叉的综合分类方法。

这种分类方法能够准确地将不同学生的不同年龄身心发展特点和对学生学习的基本要求反映出来，对达到体育教学的目标有非常突出的作用，在有助于保持运动项目的固有特点和系统性的基础上，同时增强学生进行身体锻炼的实效性，从而在体育教学内容的运用上使运动项目的技术和学生身体素质的练习同时发展，相互配合。但需要注意的是，这种分类方法无法用同一标准进行衡量，在某种程度上会导致一定的混乱。

5.根据体育教学目标分类

这种分类方法是依据人们赋予的体育教学所要达到的目的进行分类的。比如，在进行掌握体育运动技能的练习、发展体能的练习、掌握科学锻炼方法的练习、提高基本活动能力的练习、提高安全意识与能力的练习、发展学生心理素质的练习、提高学生社会交往能力的练习的时候等。

这种分类方法能够使教学内容具有一定的目的性，对于打破陈旧的、以竞赛为目的的教学内容编排体系也非常有利，从而保证学生能够学到比较多的体育教学内容。

6.根据体育的功能分类

此种分类方法的依据是根据我国体育课程相关的文件，以三维健康观、体育的本质特征、国际体育课程发展的趋势为依据，将体育与健康课程划分为运动参与、运动技能、身体健康、心理健康以及社会适应五个领域，并以目标为依据对体育课程的内容体系进行了重新构建。体育教学内容被划分为运动参与、运动技能、身体健康、心理健康以及社会适应五个方面。

三、高校体育教学内容发展的现状及趋势

（一）高校体育教学内容发展的现状

经过一段时间的发展，我国高校体育的教学内容得到了不断的丰富和完

善，目前其变化主要体现在以下几个方面：

（1）竞技体育的发展非常迅速。如今竞技体育事业已成为各个国家和地区发展体育的重点，相比之下，正规化的、科学化的竞技体育运动，尤其是学校竞技体育运动正逐渐取代以往传统的体育教学内容，成为新型的体育教学内容。

（2）当前，体育教学内容的数量正在不断精简，而难度在不断增加，体育运动的技术含量越来越高，这就要求有过专门训练的高素质的体育教师来传授。

（3）体育教学内容需要的运动器材越发正规。这表明了学校对学生开展体育课的安全问题更加重视。

（4）体育教学内容中的娱乐因素逐渐减少，相比之下，学生在体育课中的实际练习和"炼"的因素有所增加。

（二）高校体育教学内容发展的趋势

总体来看，高校体育教学内容呈现出以下几个发展趋势。

1. 向不同学段逐级分化和从规定性向选择性方向转化

以往在选择体育教学内容时总是根据各个体育项目中的逻辑关系进行选择，但事实是体育教学内容的逻辑性几乎是不存在的，所以这种方法是不科学、不合理的。因此，在选择体育教学内容时，要注重寻找体育学科中内在的一些规律，体育课程中的内容挑选的往往都是学生喜欢的，富有时代性的。

2. 从教师价值主体向学生价值主体转化

受各方面因素的制约和影响，体育教学内容的选择并不是一蹴而就的，需要综合各个方面的因素进行考虑。在过去的体育教学大纲中，体育教学内容的选择与确定往往更重视教育工作者对于教学内容的价值取向，因此重视的仅仅是教师的教。而随着体育教学改革的进行，越来越多的人开始重视学生对体育教学内容的价值取向，所以根据学生的学而进行体育教学内容的选择的方式更加普遍。

3. 从只注重提高身体素质向身心全面发展的方向转化

在传统的体育教学理念和模式下，以往的体育课程大都是以提高学生跑、跳、投等身体素质为目的的一种体能达标课。新的教学大纲出台之后，学校教育往往更加强调素质教育，因此学校对于学生素质的全面发展肩负着无比重大的责任。因此在选择与确定体育教学内容时，同样要符合素质教育的要求，使学生在身心方面都能获得全面的发展。

4. 应考虑终身体育目标的要求

大学生终身体育观念的建立和形成，学校体育在其中扮演着至关重要的作用。终身体育目标的达到取决于学生参加体育所需的技能、知识和态度。所以教学内容应当更加注重健身性、运动文化传递性与娱乐性，在健身价值和终身运动性强的运动项目中间做出选择。

5. 及时吸收新型体育项目、娱乐性项目和民族传统体育项目

一般来说，富有趣味性和新奇性的运动项目总会受到广大学生的青睐，因此在选择与确定体育教学内容时也要注重推陈出新，改革与发展一些新颖的运动项目。除此之外，我国多民族的特性决定了各个民族都有出色的民族特色体育项目，这些民族体育项目既各具特色，又有良好的健身价值，在体

育教学内容的选定中应适当根据具体情况加以选用。

第二节 体育课程的主要内容及其价值

一、体育课程的主要内容

就目前来看，体育类课程已经成为各院校课程的重要内容。现阶段，我国各院校的体育课程的主要内容如下。

（一）体育教学的基本内容

体育教学的基本内容包括体育与健康的基本原理与知识，以及田径、球类、体操、健美运动、民族传统体育等。其中，体育与健康的基本原理与知识，可以帮助学生更深刻地理解体育对人类社会、对国家、对自己未来生活和工作的重要意义，使其能更理性、更自觉、更科学、更有效地从事运动实践和锻炼身体，理解健康的重要性和身体健康所需要的环境，掌握一些基础的保健手段和方法。

田径主要包括跑、跳、投等运动项目，其主要通过教学内容的传授，使学生了解田径运动对身体健康的重要意义，使学生通过理解跑、跳、投等方面的基本原理和特征，掌握一些基础性、实用性较强的田径运动技能，学会用田径运动来发展体能的方法，掌握一些基础的田径裁判和组织比赛的技能。

球类运动主要包括篮球、排球、足球、网球、乒乓球、羽毛球等，将这些球类运动项目作为体育教学内容，有助于帮助学生了解球类运动的发展概况以及球类比赛的共性特征，从而更好地掌握球类运动的基本技术和战术技能，以及参加球类比赛、裁判和组织比赛的技能。

体操运动主要包括技巧、支撑跳跃、单双杠等。将体操运动作为体育教学的内容，有助于学生了解体操运动文化的基本概况，了解体操运动对人体的锻炼价值和作用，明白基本的体操原理和特征，掌握一些典型的、实用性较强的体操技能，并学会用体操的动作来进行身体锻炼，以及进行娱乐和竞赛，有助于大学生有效发展自身的力量性、平衡性、灵活性和协调性等方面的素质。

健美运动主要包括健身健美、健美操、体育舞蹈、民间舞蹈、韵律操、艺术体操等。通过此类体育教学内容的传授，可以帮助学生了解各项内容的基本特征，了解从事这项运动的一些基本原则和规律，掌握一些基本的健美运动的技能和一些实用的套路，并学会自编一些简单的动作，同时健美操运动还有助于改善学生体态，以及培养和发展节奏感和身体表现能力。

民族传统体育主要包括武术、导引养生、气功，以及各民族传统体育。此类体育教学内容有助于学生了解我国优秀的民族传统体育文化，并学会健身、自卫。同时，还要使学生掌握好基本功和基本技能，理解我国的"武德"精神，讲究武术中的礼貌举止，并将其与培养自身的爱国精神和民族自尊心等结合起来。

（二）体育任选教学内容

对于体育教学来说，任选教学内容能够更好地适应当地的教学条件，丰富本地区的体育教学内容，通过这些体育教学内容的传授，可以帮助学生掌握一些与本地区文化背景有关的、有地方特色、符合本地区社会要求的体育知识和运动技能。

对于任选的体育教学内容来说，体育教学大纲可能没有对这些体育教学项目做出详尽的安排和指导。这就要求在选择此类教学内容时，应注意在教学过程和计划中制定较为明确的要求和标准，以使其达到最佳的组合和效果。这部分内容的选择应当符合教学内容的基本要求，并注意其文化性、特色性和实用性。

二、体育教学内容的价值

（一）田径教学内容的价值

1. 全面发展身体素质

现代体育教育理念认为，体育教学要通过运动的方式促进学生的身心全面发展，这是学校体育教学的本质。田径健身教学的首要任务是发展人的基础素质，如速度、力量、耐力、柔韧性和协调性等的全面发展。通过各种走、跑、跳跃、投掷等练习活动，全面发展学生的基础运动能力。

2. 为学习田径专项技术奠定基础

在以健身为理念的教学中，各种形式的健身性练习重在发展学生全面的走、跑、跳跃、投掷等基础性的能力。通过各项基础性的练习，可以有效地发展学生的走与跑的能力、跳跃能力和投掷能力，为学生在以后从事专项运动训练奠定体能基础和素质基础。

3. 为学习其他体育项目打好基础

田径运动健身的价值之一就是它能够发展人体素质的全面性和动作方式

的基础性，因此，它是基础性的运动。它能够发展学生的基础运动能力和动作技巧，为以后学习球类运动项目、现代休闲体育项目和其他体育项目打好基础。

4.培养体育意识与良好心理素质

田径运动之所以广受人们的喜爱，不仅是因为其内容和形式的丰富多样，还因为它的运动负荷相对较小。另外，田径运动与日常生活中的各种动作方式也比较相似，所以练习者比较感兴趣，训练效果也比较好。与田径技术学习相比，田径健身练习难度较小，练习者不易产生厌倦、排斥和畏惧心理，可以积极主动地参加学习和锻炼，并能够持之以恒地坚持练习。这样既培养了学生锻炼身体的习惯和体育健身的意识，也对健康心理素质的培养有积极的促进作用。

（二）球类运动教学内容的价值

1.对神经系统的作用

在球类比赛过程中，技战术动作要根据对方和本方队员的具体动作随时产生各种连锁反应。经常进行球类运动可以有效地提高神经系统的强度和灵活性以及身体协调能力。

2.对呼吸系统的作用

球类运动对人体呼吸系统的作用主要表现在三个方面：肺活量提高、呼吸肌增强、呼吸深度加大。因为在球类运动中，既有短时间的快速奔跑，又有长时间的慢跑、中速跑，呼吸器官必须加倍工作，所以促使呼吸系统得到改善。

3. 对肌肉骨骼器官的作用

球类运动动作复杂多样，经常从事这项运动能使肌肉活动协调性提高，肌肉力量增强，肌纤维增粗，骨骼变粗，骨质加厚，骨骼更坚固。

4. 对心血管系统的作用

持续进行球类运动，能使心血管系统的结构和机能得到明显的改善，主要表现为运动性心脏增大，安静时脉搏徐缓，每搏输出量增多。

（三）形体类运动教学内容的价值

体形和体态是形体的两个主要组成部分。

一个人的气质与风度在很大程度上受到身体姿态的影响。日常生活中对人们身体姿态的要求恰好与形体类运动中对运动员身体姿态的要求基本一致。经常参加形体类运动，有利于身体中多余脂肪的消除，使人体的吸收与消耗处于平衡状态，有利于促进肌肉、骨骼以及关节的匀称生长与协调发展，从而改善人们的不良身体形态，促进优美身体姿态的形成与保持。人们在日常生活中的良好气质与修养主要就是通过良好的身体姿态表现出来的，体态良好的人始终散发着一种积极健康的气息。

形体类运动对塑造体形也具有非常明显的作用与功能。通过参加形体类运动，尤其是练习力量型动作，能够使骨骼变得粗壮，增加肌肉围度，从而对天生的体形缺陷具有一定的弥补作用，使人的身体匀称而健美。与此同时，参加形体类运动还有利于加快体内新陈代谢的速度，从而消耗多余的脂肪，塑造完美的体形。

（四）民族传统体育教学的价值

民族传统体育不仅具有相应的身心锻炼价值，与其他体育教学课程内容相比，还具有鲜明的独特价值。

我国民族传统体育在长期的发展过程中，逐渐形成了以"天人合一"为哲学基础，以独特的崇尚礼让、宽厚、平和等为价值取向的体育形态。这是对我国优秀文化的传承与发展。以传统武术为例，人们在练习武术时，不仅是习武，更重要的是习武德，人们要从中收获健身、健心、修身、养性的效果。这种多层次的教育价值和"天人合一""内外兼修""厚德载物"的思想，突出反映了民族传统体育对我国优秀的民族文化的传承和发扬。

随着社会的发展和时代的进步，各民族之间在发展过程中，进行了交流和融合，某一民族具有的区域、血缘关系、文化等都可能发生不同的变化。一个民族只有在被认同时，才能得以存在和发展。而民族认同取决于人们对该民族存在和发展的态度。民族传统体育活动在人们对本民族的自我认同中起着非常重要的作用。例如，为了纪念我国著名历史人物——屈原，每年端午节都会举行划龙舟比赛，通过这个活动可使人们产生强烈的民族自豪感和自信心，同时加强了民族向心力、凝聚力和号召力。参加舞龙、舞狮、拔河、摔跤、斗牛、赛马、踩高跷等集体性项目，除了可以使参与者具有强烈的竞争心理和意识，还有着集体荣誉感。所以，参加集体性的民族传统体育项目，既可以培养人们的团结协作精神，加强人们的群体意识，又可以培养人们对本民族的认同感和凝聚力。作为文化的一种载体，民族传统体育在民族间的联系和交流中起着桥梁和纽带的作用。

第三节　体育课程的选择与完善

一、体育教学内容的基本要求

体育教学内容与其他教学内容的区别很大，体育教学内容通常在属性与功能等方面有着多样化的特征，因此要对体系庞大、丰富多彩的体育运动项目及其身体练习合理分类，需要符合以下几点要求：

（一）符合教育价值取向

体育教学内容的分类是随着社会和教学需要的发展而处在不断的变化当中的，并没有哪一种体育教学内容的分类是一成不变的。

（二）服务于体育课程目标

体育教学内容在实现体育课程目标的过程中是重要的手段，因此，体育教学内容的分类必须要考虑到能否有效帮助体育课程目标的实现。体育教学内容往往是多功能的，所以对体育教学内容进行分类，必须注意到每一个体育运动项目或身体练习有什么特点，主要的功能是什么。

（三）符合学生的身心发展规律

不同年龄的学生，在生理以及心理上的阶段性特点都非常鲜明。因此对体育教学内容进行分类时，学生的特点是必须纳入考虑范围的。

（四）有利于体育教学实践

对体育教学内容进行分类时还需要贯彻为体育教学实践服务的理念。对体育教学内容进行具体分类时，更重要的是体育教学实践中体育教师对体育课程内容的选择与安排更为方便有利。体育教学内容的分类不但要合理，而且必须符合科学规律，分类的正确与否将交由实践来进行验证。

（五）应与体育教学方法和体育教学评价方法相联系

体育教学内容的分类应当做到与体育教学方法和评价方法相互呼应而形成一个系统，从而成为一个整体，这样对体育教学的评价也将十分有利，也就是说，进行体育教学内容分类时，系统观念是必不可少的。

二、体育教学内容的选择

体育教学内容最大的意义就是能最大程度上帮助体育目标实现。在教学活动中体育教学内容是重要的因素，而要实现教学目标，体育教学内容也是不可或缺的条件。

在体育教师进行教学的过程中，体育教学目标是其执行教学方案的直接依据，因此体育教师必须深入掌握和了解这方面内容。随着社会的发展，体育教学的要求也在不断地提高，所以体育教学内容决不能一成不变。特定时期内人的认知能力是有限的，所以随着时代的发展体育教师对于体育教学内容的钻研学习必须是持续的。体育教师不断钻研学习教学内容的过程就是教师自身提高的过程。

在经过对学生的身心发展特点和已有体育水平进行研究的基础上才能对体育教学内容进行选择和确定，所以从身心发展方面来说，体育教学内容应该起到进一步的积极促进作用。需要指出的是，这种积极作用要想从理论转变为实践，必须由体育教师进行细心的指导，这样教学内容才能发挥最大的作用。这就要求体育教师要能够循循善诱，将制定编选的教学内容完美地转化成学生发展所需的内容，使其真正感知到这是必需的，这样教师的教和学生的学才能真正融会到一起，促成师生双方的共同进步。

体育教学内容的科学合理的选定有益于学生在体育课程当中的学习，同时强身健体，在体育方面养成良好的习惯，使学生德才兼备，并且不失个性。

体育教学内容这一因素在体育教学当中非常重要，体育教学内容对整个体育教学活动的过程有着非常大的影响。体育教学内容同时还将教师与学生联结在一起，促进学生和教师之间的信息交流。体育教学内容对于体育教学方法和教学手段通常起着制约的作用，这有助于体育教学目标的实现。为了适应时代的需求，体育教学内容的选择必须要符合一定的依据，遵循一定的原则。

（一）体育教学内容选择的依据

体育教学内容的选择要以体育教学目标为主要依据。但在实际教学中，体育教学内容的选择不能只考虑体育教学的目标，还要对学校整个教育目的的一致性、学生和社会的实际、体育教学内容的科学性和有效性等进行综合考虑，这样设计出的体育教学内容才能符合体育教学的要求。

1. 体育课程目标

体育课程内容在实现体育课程目标的过程中，是作为手段而不是目的存在的。体育课程目标存在多元性的特征，体育运动项目和身体练习也具备可替代性的特征，这都使体育教学内容的选择变得更加多样性。所以选择体育教学内容时必须有标准可以依据。

体育课程的目标是对教学内容选择的重要依据，这是由于体育课程目标在体育课程编制的过程中，在每一个阶段内都作为教学内容的先导和方向，所以它经过了多方专家的合理思考，对各个方面的影响都进行了认真合理的验证。因此，进行体育教学内容的选择时，目标是必须遵循的，相应的体育课程目标对应着相应的体育课程内容。

2. 学生的需要及身心发展规律

选择体育教学内容时，学生的需要是必须要考虑的。体育教学以促进学生身心发展为目的，所以对体育教学内容进行选择的一个必要的因素就是学生对于体育的需要和兴趣，这对于有效的学习是非常重要的。学习需要学生的主动参与，即学生自身的积极和努力。通常学生如果面对的是自己感兴趣的事情，其参与的动力就会大大增加，学习的效率也将倍增。如果学习是被迫的，不是出于兴趣而进行的，那么学习在某种意义上来说是无效的。调查显示，如今的大学生虽然非常喜欢参与课外体育运动，但对于体育课却兴味索然，最重要的原因就是教学内容缺乏趣味性。

学生对教学内容的接受程度取决于其身心发展规律以及特点，从这个角度来说，体育教学内容必须使学生可以接受并且感兴趣。因此进行体育教学内容的选择时，学生的特点就决定着教学内容当中的各项要素。绝对不能忽略学生的实际情况。

3. 社会发展的需要

学生的个体发展无法脱离社会的发展。体育教学能够在健康方面为学生打下良好的基础，因此在进行体育教学的内容选择时，除了考虑学生本身的需求，社会现实发展的需求也必须被考虑进去。体育教学内容在选择方面不能忽视学生进入社会后发展所必需的体育素质,所以体育教学内容必须能够满足学生步入社会后各方面的需要。除此之外,体育教学内容必须做到与社会生活和学生生活联系在一起,这样才能让学生体会到它的作用,其功能才能得以实现,因此,体育教学内容的选择与社会实际相符是非常重要的。

4.体育教学素材的特性

体育教学内容的选择最重要的要素就是体育教学素材,而它最大的特性就是并没有非常强的内在逻辑关联性,这种特性使得体育教学内容的选择无法完全按照难易程度和学生素质来进行。因此体育教学内容往往只是以运动项目来进行划分,但各种教材之间的关系是平行和并列的,比如篮球和足球、体操和武术,表面上看似有联系,但这种联系并不清晰,而且并没有先后顺序,一项也无法判断是否能够作为另一项的基础。因此是无法确定教学内容的规定性和顺序性的。

体育教学素材的另一个特性是具有"一项多能"和"多项一能"的特点。所谓"一项多能"是指一个运动项目含有非常多的体育目的,即在这个项目中有着目标多指向性的特点,以健美操为例,有人利用健美操来锻炼身体,有人用健美操进行娱乐,同时健美操还有表演的作用。在很多情况下,进行健美操运动往往能实现多个功能,这就是说,学生掌握了一项运动之后,就能够实现多种目的。"多项一能"则突出了体育教学内容之间具备相互的可替代性。比如要进行投掷练习,可以扔沙袋、投小垒球、推实心球、推铅球。想通过体育运动获得娱乐放松,可以踢足球、打排球、打篮球、打网球。这就是说想达到目的并非只有一个运动项目可以实现。正是由于这个特性的存在,因此在体育教学内容中没有不可或缺的项目,使得体育教学内容并不具备强烈的规定性。

体育教学素材还有第三个特性，即它拥有庞大的数量。庞大的数量使得其内容相当庞杂，并且在归类上存在一定的难度。人类文明自诞生以来，创造出的体育运动项目数不胜数，丰富多彩，并且每一个运动的技能对于练习者的身体素质有着各种各样的要求。因此，没有哪个体育教师能够精通全部的体育项目，基于这个原因体育教师的培养才要求一专多能，体育课程的设计者也很难寻找出最合理的运动组合运用到体育教学内容当中，同样也几乎不可能编写出适合所有地区和教学条件的教材。

体育教学素材的第四个特性是指在每个运动项目当中，其乐趣的关注点都是各不相同的。以篮球和足球为例，其乐趣就是在激烈的直接对抗中，通过娴熟的技术和精妙的战术配合而得分。再如在隔网类运动中，其乐趣则是双方队员在各自的场地中通过技巧将球击到对方场地而得分。因此，在选择体育教学内容时乐趣是无法忽略的内容，这同时是体育理论存在的事实依据，并且这一理论在体育改革进程中发挥着关键作用。

（二）体育教学内容选择的原则

1. 教育性原则

进行体育教学内容选择的时候，首先应从教育的基本观点对体育教学素材进行选择，分析其是否与教育的原则相符，与社会的固有价值观是否同步。要明确分析它是否有利于学生的身心发展和身体锻炼。

进行体育课程内容的选择，必须与体育课程的主要目标相匹配，确立"健康第一"的指导思想，并以此作为体育教学内容中最基本的出发点，同时看重其中的文化内涵，使学生在学习体育技能的同时更能深刻体会到体育文化修养带来的益处。学校体育教学在培养学生时首先考虑对学生的品德、智力、体质等方面的全面发展是否有利，将理论与实际结合起来，在使学生了解人体科学知识的同时真正锻炼身体，还要从思想文化等方面下功夫，使其身心同时发展。体育教学内容的选择对于不同学段学生的发展特点和规律都要充分考虑，其个体差异与不同需求将会在其中起到很大的作用，所以充分考虑能够确保每一位学生受益。进行体育教学内容的选择时，还要符合各个方面的实际来确保选择时有足够的空间和灵活性。

2.科学性原则

在选择体育教学内容时，不仅要结合学校的具体情况，还要充分考虑到学生的个体差异。选择的体育教学内容要与学生的身心发展特点相符合，要能促进学生的全面发展。进行教学内容的选择时科学性在体育教学内容的选择中具有重要的作用。体育教学内容选择中的科学性有以下三层含义。

（1）教学内容的选择必须有利于学生身心的协调发展。要注意，某些教学内容虽然有利于学生身体健康，但不利于学生的心理健康，反之亦然。因此，教学内容的选择必须做到使学生身心同时发展。

（2）教学内容同时也要使学生能够从根本上对科学锻炼的原理和方法有深入的了解，这种了解可以增加学生从事体育锻炼时的自觉性和积极性。

（3）教学内容本身的科学性。国家对体育教学内容选择的限制逐渐放开，因此必须注意防止一些科学性不够强的体育项目作为教学内容进入课堂。

3. 实效性原则

社会是不断发展的，体育教学内容也要跟上时代发展的趋势，并能够反映出时代发展的要求。因此，体育教学内容的选择要有利于学生对体育的兴趣爱好以及实际从事体育运动的能力的培养，还要为学生在进入社会后能够继续进行体育锻炼服务。这体现出体育教学内容选择的实效性原则。

未来，体育课程将会成为一门以身体活动为主要手段来提高学生身体素质的课程。从另一个层面理解就是所有对学生健康有利的知识都是教学知识选择的良好范围，这种形式同时也可以使体育教学内容的涵盖面更加丰富。

实效性，简而言之，就是判断某项体育教学素材是否实用，是否简便易行，是否有利于学生的身心健康。国家相关文件在教学内容的改革方面特别强调要对教学内容当中的"难、繁、偏、旧"以及教学过程过度偏重书本知识的现状予以改变，在教学内容中，加强学生生活与现代社会和科技发展的联系，对学生学习的兴趣加大关注，教学内容中的知识和技能要有利于学生终身体育意识的培养。所以在进行体育教学内容的选择时一定要选择与学生自身的体育学习兴趣和经验相接近的，大众喜欢的、社会上比较普及的运动，同时强调运动项目的健身娱乐效果，奠定学生终身体育的发展基础。

4. 趣味性原则

学生学习体育基本知识在很大程度上受其体育兴趣的影响，体育学习兴趣是决定学生体育学习的主导力量。因此，在选择体育教学内容时必须充分考虑学生的兴趣。

兴趣是帮助一个人学习的最好的老师，因此在进行体育教学内容的选择时，根据学生的各方面特征尽量选择他们感兴趣的、有趣味的，并且在社会上比较流行的体育素材作为教学内容。毫无疑问的是大多数竞技运动项目的健身价值和教育价值是不可低估的，但是，长期以来，体育教育工作者往往更加关注竞技运动项目教学的系统性和完整性，用培养运动员的方法进行体育教学，这导致很多学生开始厌恶体育课。

5. 民族性与世界性相结合的原则

体育课程内容的选择要在保留我国民族传统体育的同时，对国外好的课程内容加以借鉴吸收。体育教学内容的选择应该与时俱进，体现当今时代的中国特色。

（三）现代体育教学内容选择的来源

在选择体育教学内容时，选择的来源有很多，一般情况下主要有以下几个。

1. 延续传统体育教学的内容

一般来说，各高校都有着相当丰富的体育资源，师资力量也比较丰厚，大部分体育教师都有相对丰富的教学经验。在传统的体育教学中，大部分运动项目在群众中也有着深厚的基础，有着不容忽视的技术完整性和健身性的优势。因此，体育教学内容的选择应以传统体育教学内容为主，在此基础上增强其社会性、教育性、科学性、趣味性和健身性。

2. 改造传统体育教学的内容

由以上分析可知，传统体育教学内容有着不可取代的优势，但是随着时代的发展和体育教学的改革，一些传统体育教学内容已经无法适应学校体育教学的需要。因此，为了使传统体育教学内容更好地发挥其优势，以便为体育教学服务，需要对其进行适当的改造，以便与现代体育教学的需要相适应。

对传统体育教学内容的改造应该从技术难度、规则、趣味性等方面进行，改造的方式主要有降低难度、简化规则、游戏化、实用化、生活化等。

3.引进新兴的体育教学内容

近年来，在高校体育教学中涌现出了一大批新兴的体育教学项目，这些运动项目因其特有的休闲性和趣味性受到了大学生的热烈欢迎和喜爱。因此，引入一些新兴的现代体育运动项目，将会为体育课堂教学注入一股新的活力。在引进现代的新兴运动项目时，需要注意依据现有的原理、规则、方法、场地、器材条件等，设计相近似的教学内容，以便使其能够在体育教学中具有广泛的实效性和适用性。

（四）体育教学内容选择的过程

一般来说，体育教学内容选择的过程主要包括以下几个步骤。

1.对现有的体育素材用教育的观点进行审视

社会的制约因素是体育教学内容的选择首先需要关注的。体育教学内容的选择在关注社会时，要从社会的生产生活、教育、科学等的发展的实际出发，要对社会的发展对人的要求和影响，尤其是对人类健康的要求和影响进行充分的考虑，并以此为基点，分析和评价现有的体育素材。现有体育素材的分析和评估主要涉及这些内容是否对学生进行锻炼、增进健康，以及是否对培养良好的思想品质有利。

在这一过程中，还要注意对与教育要求不相符，也不利于学生的身心健康的素材要剔除。

2. 依据体育教学的目标整合教学内容

在体育教学中，体育教学内容的选择要依据体育教学的目标，对各个体育运动项目和身体练习的主要功能进行分析，并将各个体育运动项目和身体练习进行整理和合并，进而作为形成体育教学内容的基本素材。只有如此整合与选择的教学内容才能符合学校教学以及学生的具体实际，才能促进教学质量的提高。

3. 选择体育运动项目

在体育教学中，可供体育教学内容作为素材的体育运动项目和身体练习是非常多的。然而，体育教学的时间是有限的，将很多的体育运动项目和身体练习都选为体育教学内容是不现实的，也是不可能的。因此，在选择体育教学内容时，必须依据社会的条件和需求，以及学生身心发展的特点和兴趣爱好进行选择。

4. 依据不同的体育教学目标进行选择

在体育教学中，每个学生都存在着不同的差异，对于不同教学阶段的学生来说，其教学目标也是不同的。因此，在选择教学内容时，还要依据不同学段的学生身心发展的特点进行选择。

5. 对实施的可行性进行分析

受地域、气候条件等的影响，某一教学内容在某一个地方适合，而在另一个地方却不适合，因此在选择体育教学内容时，要分析教学内容实施的可行性。

三、体育教学内容的编排

（一）体育教学内容编排的相关研究

体育教学内容的主要编排方式包括直线式排列和螺旋式排列，同时还包括以上两者综合在一起而得到的混合型排列方式。在历届的教学大纲中，关于直线式排列和螺旋式排列能够运用的教学内容，往往只是模糊地说明一些锻炼身体作用大的教材是适合用螺旋式排列来进行编排的，而对于适合直线式排列的体育教学内容却丝毫没有提及。

因此，与体育教学内容编排的理论相关的研究仍存在以下问题。

（1）并不是对锻炼身体作用大的教材才适合螺旋式排列的编排方式。这是由于一些兼具难度和深度的教学内容总是要求学生熟练掌握运动技能，这些教学内容对于螺旋式排列方式来说是更加适合的。

（2）没有明确适用于直线式排列的教学内容。迄今为止，所有的体育教学大纲都缺乏对这一问题的详细说明，提及最多的地方仅仅是说体育卫生的相关知识的编排适合用直线式排列来进行。所以适用于直线式排列的体育教学内容，成为在体育教学内容编排理论当中的一大盲区。

（3）对直线式排列和螺旋式排列中单元的区别缺乏明确的说明。每学期3课时"螺旋式排列"、一次3课时"直线式排列"和一次30课时"直线式排列"的教学内容，对于教学计划的安排以及产生的教学效果一定是非常不同的。假如进行编排时选用排列方式的比例没有影响，编排理论中所说的螺旋式排列和直线式排列这两种排列方式的不同点究竟是什么？假如在体育教学内容的编排中并不存在这样的统一规定，那么，适合3课时"螺旋式排列"

的内容包含什么，适合 30 课时"螺旋式排列"的内容又包含什么？适合 3 课时"直线式排列"或者适合 30 课时"直线式排列"的教学内容又是什么？这些问题是切实存在的，因此必须有一个合理的说明。

教育科学出版社出版的《体育与健康》一书中，对于体育教学内容的编排提出了以下观点。

体育教学内容的编排当中，存在循环周期的现象。这种循环是指在同一教学内容当中，不同的学段、学年等范围当中进行的反复的重复安排就是循环周期现象。这种循环的周期有的是课，有的是单元，有的是学期，有的是学年，甚至有的循环是在某一个学段当中。以跑步为例，一节体育课上要进行 100 米跑，下一次课当中仍要进行 100 米跑就是以课为周期的循环。在一个学期内安排 100 米跑，在下一个学期内的课程上仍要安排 100 米跑就是以单元和学期为周期的循环。以此类推。因此根据以上理论，我国体育教学学者根据不同的内容性质而对体育教学的内容的编排分为以下四个层面：

（1）"精学类"教学内容——充实螺旋式。

（2）"粗学类"教学内容——充实直线式。

（3）"介绍类"教学内容——单薄直线式。

（4）"锻炼类"教学内容——单薄螺旋式。

以上编排方式对于教学大纲中对体育教学内容的要求做出了很好的满足，并根据体育教学内容中的自身理论，结合当前体育教学内容中的各种情况的现状，创新地将各个方面的内容合理编排在体育教学中，因此在未来很长一段时间内，这种编排方式都将是非常实用的。

（二）体育教学内容的排列组合

体育教学内容的排列组合是指"将选择出来的体育教学内容合理地安排到不同的水平与年级中去的过程"。

在对体育教学内容进行排列组合时，需要从以下两方面入手。

1. 充分考虑学生的基础和需要

在体育教学中，学生生长发育的阶段性以及非阶梯性是体育运动项目的两个重要特征，因此，在排列体育教学内容时，不能只是单纯地考虑体育运动以及身体练习本身的难易程度，进而将体育运动和身体练习简单地由简到繁、由易到难排列，而是主要依据学生的实际需要、学生的体能和运动技能基础以及学生生长发育的阶段性特征进行安排。

2. 重视不同的体育运动和身体练习的特征

体育教学课主要包括理论课教学和实践课教学，在排列体育课程实践部分的内容时主要有螺旋式排列和直线式排列两种基本的排列方法。不论是哪一种排列法，都需要注重不同的体育运动和身体练习的特征。

第四章 高校体育课程教学模式

第一节 体育教学模式的基本理论

在信息化技术不断更新发展的趋势下，网络信息化教学模式对我国教育领域产生了直接影响，各大高校逐渐改革传统教学模式，以便能进一步适应教学环境的变化。近年，高校体育教学模式也发生了一定改变，但是在传统教学观念的影响下，高校体育教学模式依旧有待进一步创新改革，这样才能够更好地满足现代化教学的需要。所以，创新体育教学模式，全面提高体育教学水平与质量已经成为必然趋势。本节主要对高校体育教学模式的创新发展进行深入探究，以期为体育教学改革提供参考。

一、高校体育教学模式的误区

（一）认知阶段误区

国外先进的体育教学模式极具吸引力和新颖性、可操作性，我国高校在引入时，并未深入探究其中的相关理念，只是为了引进而引进，单纯模仿他们的体育教学模式，却忽略了对相关理念的引入。不具备灵魂的躯壳，根本无法长久生存，缺乏先进理念的体育教学模式也很难长时间处于正常的运行状态。

（二）选择阶段误区

1. 规律误区

体育教学模式的合理选择，需要严格遵守相关教学规律。首先，高校在设计体育教学模式的时候，应明确要求该模式既与普通学科的认识规律相同，又符合体育学科自身的独特规律，即技能形成规律、运动负荷规律等。其次，高校在选择体育教学模式时，还应注重与本校学生的特色、认知规律等相符，应适应于本校学生的发展。

2. 构成误区

任何教学模式都包含四大部分，即教育理论、教学过程、教学方法、教学条件。高校科学、合理地选择体育教学模式时，需要对各组成部分进行综合考虑，不同的模式都有其相对应的理论、过程、体系及条件，彼此之间不能混淆。

3. 要素误区

高校在选择体育教学模式时，应明确其与其他教学要素间的密切联系，即计划、目标、内容、结构、方法、教师、学生、评价等。只有与其他教学要素及相关标准要求相符，才能顺利将教学模式引入教学过程，从而产生更好的实用价值。

（三）实施阶段误区

1. 操作误区

在体育教学模式的实施过程中，应切忌一味求全，如果全面涉及教师、学生、设施设备等各个环节，将会无法明确主题，难以发现关键问题。所以，高校应先在小区域内验证，然后再构建可行、有效的相关机制，并根据实际情况进一步优化，最后大范围推广与实施。

2. 管理误区

体育教学模式的顺利实施，还需要政府、教育部门、学校等相互协作、共同管理，不论是哪一方或哪一环节出现失误，都会对体育教学模式的实施效果造成直接影响，甚至还会被迫停止，导致整个计划都无法实现。

3. 评价误区

高校在试行新型体育教学模式一段时间之后，应注意对其具体落实情况进行全面评价，即领导、教师、学生、家长等全方位的评价，一旦出现问题，应及时采取有效措施加以解决。同时，高校还要积极关注教学过程与教学效果的评价，最大限度地防止各种衍生问题的出现，从而为教学模式的顺利实施提供保障。

二、高校体育教学模式现状分析

（一）指导思想

教学指导思想是教学模式的核心，传统的高校体育教学指导思想以技能教育与素质教育为主，但是近年来，许多高校都根据自身情况转变了教育理念，将培养终身体育作为体育教学的指导思想。当然，仍有少数体育教师在教学指导思想上认识不足，没有与时俱进，这就需要高校进一步强化教师对教学指导思想的深层学习，以提高其对教学的综合认识。

（二）教学大纲

教学大纲直接影响到高校体育事业的有序发展，其对于扩大体育教学空间形成了一定的促进作用，并在明确体育教学模式的总趋势和总方向方面发挥着重要的指导作用。现阶段，大多数高校对体育教学时间的安排都比较合理。在与国家相关规定相符的基础上，许多高校结合本校学生的特色、地域差异等，对体育教学进行了科学合理的规划与安排。

（三）教学条件

教学条件实际上就是教学环境、场地设施、教学器材等，是教学进一步实施的必要条件，也是体育教学顺利开展的重要基础。其一，目前，高校体育教学场地设施的配置并不完善，尤其是造价较高的场地设施，还有少数学校未实现现代化体育场所的构建，这就直接导致了学生难以实时接触新项目。所以，我国大部分高校的场地设施还有待健全，现代化与综合型体育场地也急需完善。在目前的体育教学中，学生可利用操场进行跑步、跳远等常规项目的训练，但是部分专业项目的场地却比较匮乏，这根本不能满足学生的多元化运动需求，进而大大制约了教师与学生进行体育运动的主动性与积极性。其二，高校体育教学器材不健全。当前，只有少数器材能够满足体育教学需求，品种比较单一，无法满足大部分教师与学生的多样性需要。另外，部分高校更换体育用具也不够及时，如网球、羽毛球等因使用频率高，损坏速度较快，如不及时更换，会严重影响教学效果。

（四）师资结构

对于高校体育教学而言，体育教师是最关键的人力资源，也是体育工作的组织者与指导者。目前，高校体育教师的年龄结构相对合理，但是在学历上，以本科学历教师居多，相较于其他学科而言，体育教师的学历相对偏低。因此，高校需进一步深化对教师的继续教育和培训，或积极引进更多高学历、高能力、高水平的教师，以提高教师队伍的综合实力。

（五）教学内容

当前，高校体育教学主要是锻炼学生的体育运动技能并发展其体能，而对提高学生心理素质、强化学生安全意识、提高学生社交能力等综合素质方面的训练不多，在教学内容上也大大忽略了对学生学习兴趣与健身需求的重视，根本体现不出体育教学的现代性。高校几乎很少开设健美操、瑜伽等大学生感兴趣的时尚体育运动项目，主要是因为高校的硬件设施不完善，不具备开设此类课程的条件。

（六）教学方法

高校的体育教学形式大都是依据学生兴趣设计的，其中多数院校以年级划分，进行分班教学，有的项目按照性别进行划分。在教学方式方法上，还有一些体育教师依旧利用讲解与示范的方式，没有重视学生的感受，为学生提供的自行练习时间过少，教学过程单一、呆板，无法充分调动起学生的积极性与主动性。再加上教师缺乏对新型教学方式的有效引进，对体育教学方式的创新不够，从而使得其教学效率与质量难以提高。

三、高校体育教学模式创新发展的策略

（一）更新指导思想

高校体育教学指导思想是体育教学模式的核心，因此，必须先树立科学有效的、先进的教学指导思想。体育教师也应做到与时俱进，不断引进新知识、新技术，拓展学生的知识面，提高学生学习体育的兴趣。另外，在体育教学中，高校还应基于全面发展的角度，积极引入现代化教育思想，争取为社会培养出更多高素质、高能力的优秀人才。

（二）丰富课程设置

现阶段，高校体育课程的设置比较单一，要适当增添一些学生有兴趣的项目，如拓展训练、瑜伽、健美操、野外生存等，以此调动学生的学习积极性与主动性，有效缓解教师的压力。同时，高校应在条件允许的基础上，根据自身实际情况，增加一些与大学生身心特性相符的体育课程，以提升学生的综合素质。

（三）师资队伍建设

对于高校教育事业而言，教师占据着主导地位，是提高教学水平与效率的关键所在。高校体育教师的综合素养与教学质量、学生健康发展之间息息相关。因此，高校应高度重视提高体育教师的综合能力，为教师提供多元的培训平台，全面培养更多高素质、高能力的体育教师人才，从而实现高校体育师资队伍的优化建设。

（四）突出本校特色

各大高校应就本校实际情况、学生特点及所在区域的特色，创建与学校、区域特色相符的体育教学模式，将自身特色凸显出来。同时，还应努力把校内与校外的体育活动、课内与课外的体育活动全面结合，构建校内、校外、课内、课外的全程一体化教学模式，为实现体育教学目标提供有力支持。

四、现阶段高校体育教学模式的构建

（一）原则

1. 创新课程内容

高校应遵循精细化、实用化等原则，适当增添实践性与应用性课程，促使学生的实践能力得到全面提升。传统教学中的理论与实践能力的培养只是体现在课堂教学上，是在学生学习基础课程理论之后，才进行后续的技能教学。而全程一体化教学模式，是将技能教学始终贯穿于整个教学过程，让学生在每个阶段都能进行体育学习，这样一来，不仅会使学生的综合技能培养得以深化，还能实现学生综合素质的提升。

2. 优化教学内容

高校应注重提炼学科课程与技能培养的相关内容，进一步优化课程内容的讲授顺序，使得课程内容彼此之间实现相互联系与对照，从而促使学生将教师所传授的体育知识与技能内化吸收。

3. 实现全程一体化教学

高校要为学生创建教学技能训练场所，保证技能培养的连续性，在校内和校外、课内和课外之间实现全程一体化教学，最大限度地提高教师与学生的综合技能。

（二）构建

全程一体化教学模式并非传统的阶段性技能教学，而是系统的、立体的技能培养过程，其主要把技能培养始终贯穿于学生的整个大学期间，也就是基于课堂教学，将技能训练贯穿于各学期的体育课程中。在不同学期的体育教学中，侧重安排相应的运动技能训练项目，并与第二课堂实现有机结合，形成课内外、校内外、教学训练与竞赛强化训练相结合的一体化教学模式，多层次、综合培养教师与学生的体育素养与能力，推动学生及时内化知识并深化技能。

综上所述，基于新形势，高校体育教学模式实现了历史性转变，开拓了体育教师实现专业化、综合化发展的新时期。高校应对体育教师全身心投入体育课程教学改革的积极性与主动性给予认同与鼓励，当其遇到问题时，学校应及时给教师提供帮助，或出台相关措施加以解决。虽然近些年的高校体育教学模式发生了一定改变，但在传统教学理念的影响下，体育教学模式依旧有待进一步创新、优化，以便能够更好地满足现代化建设的需要。这就要求高校必须深入了解体育教学的本质，明确体育教学的任务，掌握体育教学的规律，确定身体素质与运动技能教学的核心地位，基于新型体育教学模式，带动体育教学创新发展，开创体育教学的新形势、新局面。同时，高校还要深化人才培训培养，构建全程一体化的教学模式，其中，不仅要突出体育专业学生的优势，还要弥补其不足，将技能训练始终贯穿于整个体育课程教学过程，从而促进学生全面、综合发展。

第二节　体育教学中典型的教学模式

一、CBE 理论的高校体育教学模式

为有效改善高校体育教学效果，推进高校体育教学深化改革，提高高校体育教学水平，有必要逐步摒弃传统滞后的体育教学模式，加强 CBE（Competency Based Education，能力本位教育）理论在高校体育教学中的应用，对高校体育教学模式进行创新。基于 CBE 理论，对高校体育教学模式进行创新构建，要引导教师摒弃传统滞后的体育教学观念，将培养大学生的体育运动能力和综合素质作为核心目标，促进大学生积极参与体育课堂教学。

（一）CBE 理论概述

CBE 理论，是指能力本位教育理论。该理论注重培养学生能力，并以此为出发点，确立人才培养模式，并制订具体的教学方案。CBE 理论的核心，在于对学生的职业岗位能力和综合素质进行培养。在教学过程中，学生占据核心地位和主体地位，要明确教学的具体目标，并对能力培养的详细方案进行科学制订，要有效保障教学内容具有较强的实用性。CBE 理论的教育目标在于有效培养学生的职业岗位能力，并基于这一导向，对课程资源进行建设，对主要教学内容和具体教学方法进行合理选择，合理制订教学计划，并对教学进度进行有序安排，对教学评价体系进行优化，有效增强大学生的职业岗位能力和综合素质。

高校体育致力于锻炼大学生的体魄和运动技能，增强大学生的综合素质。要基于 CBE 理论的科学指导，对高校体育教学模式进行科学构建，摒弃传统的体育教学思想观念和教学模式，引导大学生深入理解和全面掌握体育理论知识、体育运动技能和相关锻炼方法，有效增强大学生的身体素质。

（二）CBE 理论在高校体育教学中的实施应用

1. 引导大学生熟悉体育学习锻炼环境

在高校体育教学中，对 CBE 理论进行实施应用，要引导学生熟悉体育学习锻炼环境，引导学生全面了解高校体育教学的具体内容、各项体育教学资源和体育锻炼设施等。另外，体育教师要引导学生了解高校体育教学的相关制度和具体规章。

2. 明确 CBE 理论在高校体育教学中的实施流程

高校师生要明确 CBE 理论在高校体育教学中的实施流程。在此基础上，体育教师要科学指导学生合理制订体育课程各阶段的学习目标、体育锻炼计划，并督促学生严格遵循学习目标和体育锻炼计划，有序开展体育学习和锻炼，确保学生在规定期限内完成体育学习任务。

3. 对学生入学体育水平进行评价

高校体育教师要对学生入学的体育水平进行客观公正的评价，并依据评价结果，引导学生对体育学习锻炼的各项计划进行制订，并将评价结果作为体育成绩，录入学生档案。同时，体育教师要综合考虑高校体育教学的各项状况，增强体育教学计划的可行性。

4. 对学生的体育学习锻炼成绩进行评定

高校体育教师要基于 CBE 理论确立各项体育评价指标和相关要求，并合理确定体育考核时间，对学生演示的体育动作进行观察测定，在此基础上，对学生的体育学习锻炼成绩进行评定，并将成绩记入学生档案。

（三）基于 CBE 理论的高校体育教学模式创新构建策略

1. 明确高校体育教学目标

基于 CBE 理论，需对高校体育教学模式进行创新构建，首先要明确高校体育教学目标。高校体育教学，不仅要注重锻炼学生的各项体育运动技能，还要深入挖掘体育运动项目具备的交际功能，强化体育课堂教学过程中的学生交互，促进高校学生在体育运动项目中进行竞争和团结协作，有效增强学生的竞争精神和合作精神。例如，部分体育项目具有较强的集体性。对于此类体育项目，教师在教学过程中，可设置具有较强互动性和趣味性的体育比赛，将学生分成多个小组，开展小组间的对抗比赛，在此过程中，有效增强学生的竞争精神和合作精神，并锻炼学生的体魄和意志体力，在潜移默化中增强学生的人际交往能力，加强体育教学课程对学生职业岗位能力的有效培养。

2. 基于职业能力创设体育教学情境

加强高校体育教学对 CBE 理论的应用，要充分体现"能力本位"，并基于职业能力对体育教学情境进行创设。体育教师要深入考查并明确掌握各项体育运动项目的特点及其蕴含的教育功能，对体育教学情境进行科学创设，实现对大学生岗位职业能力的有效培养。教师要对体育教学情境进行科学创设，凸显集体互动性，满足大学生对体育学习的个性化需求，并有效促进体育教学集体目标的实现。教师要对体育课堂教学内容进行拓展延伸，将素质拓展的相关项目纳入体育教学课程中，增强大学生的集体意识和职业岗位能力。

3. 培养大学生的个性化能力和综合素质

基于 CBE 理论，对高校体育教学模式进行创新构建，一定要强化对大学生个性化能力和综合素质的有效培养。教师要引导并鼓励大学生对各项体育运动项目进行自学，大幅度提高学生的自学能力，并强化学生对 CBE 理论的深刻认识，在潜移默化中增强大学生的自学意识。教师要强化对大学生的科学指导，激发大学生对体育运动项目的学习兴趣和热情，引导大学生对感兴趣的体育运动项目进行深入学习和反复锻炼，有效强化大学生的个性化体育素质和运动技能。同时，在体育课堂教学过程中，教师要对后进生给予更多关注，并为后进生设置合理的体育教学目标，激发后进生对体育运动项目的学习兴趣和自信心，有效增强大学生的综合素质。另外，教师要兼顾个性化和集体化体育教学，促进大学生加强体育学习过程中的沟通交流。

4. 加强体育职业规则和道德教育

体育运动项目呈现出较强的交际性。多数体育运动项目存在相应的规则，学生在参与体育运动项目的过程中，自觉遵守各项规则，能在潜移默化中增强自身的教养。在 CBE 理论指导下，高校体育教学要加强体育职业规则和道德教育，帮助大学生有效完善其职业能力结构。通常，高校在开展体育教学过程中，所引进的各项体育项目，均具备相应的教学制度和各自的规则。对此，教师要加强体育运动项目相关制度和具体规则对学生的约束性作用，引导学生在参与体育运动项目过程中开展有序竞争和有效合作，引导大学生树立良好的规则意识，并对大学生的各项体育行为进行安全合理的控制。

综上所述，CBE 理论注重培养学生能力。加强 CBE 理论在高校体育教学中的应用，对于增强学生的职业岗位能力和综合素质具有至关重要的意义。CBE 理论在高校体育教学中的实施应用，主要是引导学生熟悉体育学习锻炼环境、明确 CBE 理论在高校体育教学中的实施流程、对学生入学体育水平进行评价、对学生的体育学习锻炼成绩进行评定并基于 CBE 理论加强高校体育教学管理。基于 CBE 理论，通过对高校体育教学目标进行明确、基于职业能力创设体育教学情境、培养大学生的个性化能力和综合素质、加强体育职业规则和道德教育、采用人性化的体育教学方式等策略对高校体育教学模式进行创新构建。

二、"互联网 +"时代高校体育教学模式

随着我国互联网的进一步发展，其对于高校体育教学的冲击将会变得越来越显著，传统体育教学方法和模式在未来的教学过程中将难以产生效果，必须要对教学模式进行必要的改革。作为一名高校体育教师，在当前也应该充分认识到互联网对高校体育教学的诸多冲击，并且能够尽快地转变教学理念，将自身放在跟学生同等的位置上，并积极学习各类新型教学方法，灵活利用互联网的优势来提高体育教学的最终效果。这样，高校体育教学就能够在网络背景下实现更好的发展，发挥体育教学的真正价值。

（一）何为"互联网+"新型教学模式

互联网以其高效便捷、实时沟通、信息共享而优势凸显。"互联网+"教学模式以共享信息为平台，互相交流学习，实时答疑，以大数据为背景，了解当代学生的学习情况，动态调整教学模式，提高教学质量，实现教学相长和资源共享。

那么什么是"互联网+"新型教学模式？

"互联网+"新型教学模式是指教师以"健康第一"为指导，以新课标、新理念为准则，以学生为主体，事先在互联网上公布各个学期体育课程的教学内容和任务，提供各个专项的相关信息和视频，鼓励学生在课外主动使用互联网进行学习，使学生对所选专项有一个基本常识和基本技能的感官认识，从而能正确选课，再通过课堂内的教学传授、自主学练、交流探究、总结提高等教学措施来完成教学任务的一种教学体系。"互联网+"新型教学模式既能避免学生选课时瞎选乱选的盲目行为，又能为学生主动熟悉各项体育项目提供足够的时间和空间。其结构形式为：网上公布教学计划和教学内容及相关视频—了解项目特性和运动原理—激发兴趣—选课学习—交流探讨—探究创新—总结评价—强化提高。

（二）互联网信息技术对高校体育教学的积极意义

1.促进高校体育教学内容的扩充

传统体育课堂教学，往往是以教师为中心，让学生反复练习教师示范的技术动作，属于被动学习，缺乏趣味性，学生学习效率低下。因此，为了提高体育教学效率，就要丰富体育教学的内容，提升其趣味性和多样性。在高校体育教学内容活动的设计中，通过将信息技术与体育专业知识相结合，不仅能发挥互联网信息技术的优势，还会丰富体育教学的内容，从而吸引学生的注意力，激发学生自主学习的动力，培养学生良好的锻炼习惯和锻炼意识。

2. 可以在一定程度上弥补高校体育教学的不足

传统的体育教学，由于受场地、器材等因素的困扰，很难做到因材施教，而网络信息技术的迅速发展和广泛应用把人类带进了一个高速发展的信息时代。随着信息技术的快速发展，互联网已成为学生学习和生活的重要组成部分，高校体育教学应将网络信息技术应用到课堂教学中，在教师的指导下，学生可以通过网络学习到各种各样的体育技能和知识。

（三）"互联网+"高校体育教学的改革途径

1. 转变教师教学理念

在传统教学模式中，教师与学生之间的地位处于不平等的状态，教师通常是主体地位，学生只能被动地接受教学内容。在这种教学环境中，教师具有较强的权威性，并且跟学生之间的交流沟通非常有限，最终的教学效果也不会很高。而在互联网不断发展的背景下，学生的思想受到互联网的影响变得更加开放，并且开始抵触传统教学中的师生关系。因此，高校教师要转变教学理念，优化教学过程中的师生关系。

教师应该认清互联网时代的转变，并积极接受互联网思想的熏陶，在教学过程中与学生建立平等的交流关系。体育教学的内容相对于高等数学、专业课等学科来说本身就轻松，因此体育教师在教学过程中更应该弱化自己的主导形象，尽可能地引导学生共同完成教学过程。这样，教师就能够实现和学生的平等交流与沟通，不会受到学生的抵触。

2. 使用新型教学方法

在高校体育的传统教学中，教师一般采用的方法都是"示范—模仿法"，并且还会在一些体育运动开始之前给学生进行必要的讲解。这种方法虽然在短期内比较有效，并且能够让学生快速掌握各类体育运动的技巧，但是很难对学生进行强化训练，难以保证教学的质量与品质，最终使得学生的体育训练效果参差不齐。如今很多信息化技术都已经拓展到了教育行业中，因此高校体育也应该灵活使用各类新型教学方法。

翻转课堂和多媒体教学通常在体育理论教学和课堂教学中具有较好的效果，但对于单个体育运动项目的技能熟练度的提升效果非常有限。在这种背景下，可以在高校体育教学中推行慕课教学法。即将部分体育教学内容放置在互联网平台上，让学生能够随时随地通过手机、平板电脑等智能终端设备来查阅各类教学内容，提高体育教学的灵活性。不仅如此，慕课平台还可以放置一些视频、图片、分解教程等资源，可以让学生清晰直观地看到各个体育运动项目的技巧，并且还能够随意回放各个动作，增强了教学效果。在高校体育教学中推行慕课教学法是一件长期工作，需要高校投入一定的资源来着手完善。高校可以考虑逐步建设慕课平台，充分利用这种新型的教学方法，将互联网与教育教学真正融为一体。

3. 优化校园体育文化

在传统的高校体育教学中，很难形成特色鲜明的校园体育文化，最多体现在一些校内标语和标识上。这也使得学生在接受体育教学过程中很难受到校园文化的影响，使得体育教学的效果一直都不理想。互联网的快速发展使大学生能够通过网络接触到更多的文化内容，这使得高校的校园文化无法对大学生群体产生正向的影响。

想要保证高校体育教学在网络背景下的教学效果，就应建立富有体育精神的新时代校园文化。这需要高校管理者能够明确体育精神对于大学生身心成长的重要性，在宣传社会主义核心价值观的同时，跟体育院系共同开展一些校内体育活动，如新生篮球赛等。通过这些活动在校内营造一种体育文化氛围，解决高校体育教学受到互联网多元文化冲击的问题。

4. "室内" "室外" 相结合，增加多媒体教学在体育教学中的应用

现代体育教学，不应局限于体育场地（馆）当中，而是应该将教室、体育场地（馆）相结合，为多媒体教学提供更多的授课时间。例如，教师在教授体育技术动作和战术的时候，需要给学生演示和讲解，在传统教学中，教师的示范会比较麻烦和抽象，学生理解上也会产生困难，而通过多媒体技术来辅助体育教学，让学生通过观看技术和战术的视频或者体育比赛视频来进行学习，更容易提升学生的注意力，且更简单易懂，让学生加深对体育运动的认识的同时，提高了体育技术的掌握能力。

5. 创新体育教学内容，深化课程改革

在信息化的教学活动中，有很多的教学资源和教学方式，但是在教学活动中要选择适合的教学资源，不能一味地追求教学内容的丰富性和多样性，而忽略学生对内容的接受程度。因此，在选取教学内容时，要对其进行取舍，选取更适合学生理解和接受的，能使学生明确教学目标，且能对学生达到教学效果的教学内容。

三、MOOC 时代高校体育教学模式

随着社会的高速发展，社会对体育人才的需求更多，如何实现高素质体育人才的培养是目前各大高校的主要工作之一。人才的培养应该适应时代的发展需求，在现今信息海量化的时代，高校的教学模式也应该出现新的改变，使教学模式和具体的教学手段更加适应社会的需求。针对网络课程的高速发展趋势，高校在开展体育教育的时候可以运用网络课程的优势，强化学生对体育知识的学习和掌握程度。

（一）MOOC 的科学内涵及发展趋势

1. 内涵

慕课（Massive Open Online Courses，MOOC）是指规模较大的呈开放性质的网络课程，是一种可以自主学习的网络平台，涵盖海量的学习信息。MOOC 的特征主要有三个方面。第一是课程特征。浏览者可以在平台上进行自由化的资源获取和观看，这样的课堂模式不需要浏览者根据教材开展具体的学习活动，同时，这些资源的获取是免费的，浏览者不需要为此支付任何金额。第二是对浏览或是学习的人员没有数量的限制。相对传统的课堂教学模式来说，这样的模式更加方便学习者的学习，不再受教室的环境和空间的大小的限制，无论多少人都可以同时进行网络课程的学习和使用，这就大大方便了人员的浏览和学习，实现多人同时学习的需求。第三是具有开放的授权特征。浏览者不再局限于浏览网站的限制，通过网络课程的开放授权，学习者可以通过不同的网络平台进行网络课程的浏览和学习。这种模式方便查找信息，使学习者可以进行更好的学习，提升自身的学习成果。

2. 发展趋势

目前，MOOC 是国外各大高校比较受欢迎的一种教学模式，通过提供众多的教学信息，学生的学习效果明显提高。相关资料显示，国外很多高校为了提升教学的整体效果，加大对教育资金的投入，制作众多具有较高科学性和学科性的开放课程，深受学生的喜爱。国外高校提倡终身学习的理念，认为知识的吸取是一项长时间的工作，没有具体的时间限制，知识作为一种重要的精神养料，人们应该重视知识的传播和学习，提升教学资源的开放性建设。

（二）开展 MOOC 体育课程的优势

1. 提升学生在体育课堂中的注意力

我国传统的体育教学是以封闭式的教学模式为主要手段。传统高校体育课程的课时一般为 90 分钟，学生在进行体育知识的学习时会出现注意力不集中的现象。而 MOOC 将体育课程的时间控制在 15 分钟之内，这种长度的课堂学习可以让学生集中注意力进行体育知识的学习。虽然体育课堂的时间较短，但是 MOOC 的课堂将重要的体育知识融入视频资源中，可以将重点体育知识进行更好的、更系统的总结和传播，这样可以提升学生对体育知识的学习效果。

2. 强化学生在体育课堂中的主体性

MOOC 是一种新型的教学模式和教学手段，创新了原有的高校体育教学课堂形式，在很大程度上提升了课堂教学的开放性，同时通过这种新颖的教学模式提升学生的课堂注意力，强化学生的学习效果。MOOC 的课程时间一般为 10~15 分钟，这样可以给学生留出更多的提问和交流时间，强化自身对体育知识的掌握和理解程度，体现学生的体育课程的主体性。

3.丰富了体育教学的资源

使用网络课程的体育教学，在一定程度上提升了教学资源的丰富性，使学生在接受体育教学的时候可以观看更多视频资源，掌握这些网络视频中的体育知识点。使用网络课程的教学手段可以丰富原有的高校体育教学的模式，改变了原有的课堂教学模式，创新了体育知识的传播途径。可以说，MOOC 在很大程度上丰富了高校的体育课程教学资源的总量，提升了学生接受体育知识的主动性，强化了高校的体育教学成果。

（三）我国大学校园开展体育网络课程的情况

1.现状分析

随着近几年教学工作的改革和创新，我国已经开始高等教育资源的平台共享建设，同时开展新的教学理念和教学模式的引进和借鉴工作，逐渐转变之前封闭式的教学模式。最新的调查资料显示，我国高校在开展体育教学工作中缺少足够的重视，国内重要的教学网站涉及体育专业的教学视频资源很少，甚至有的教育网站上都没有开设体育教学的网络课程。由此说明，目前我国高校的体育网络在线课程开设工作没有引起相关部门和院校的重视，未能给学生提供优质的网络在线学习平台。

2.具体平台的使用情况

目前，我国只有不足 20 所院校加入 MOOC，且这些学校开设的课程主要是以计算机、英语为主，仅有四川大学和华东师范大学开设了有关体育教学的 MOOC。由此可以看出我国高校的网络在线课程的建设程度很低，有关体育的网络课程更是少之又少，体育在线课程的建设需要强有力的支持，各大高校应该积极强化有关体育的网络课程的建设力度，提升整体的体育成果。

（四）基于 MOOC 提升高校的体育课程的建议

1. 提升模式的信息化发展力度

现阶段正是我国开展高校改革的时期，使用先进的教学技术和教学媒介是目前高校改革的主要手段之一，也是高校改革的一个重要表现形式。当前正在高效发展的 MOOC 教学模式正是一种先进的信息化平台，通过开发体育的 MOOC 课程，可以强化当前的教学改革成果，为体育教学的现代化提供有力的支持。

2. 更新高校师生观念，提升 MOOC 课程的构建水平

体育教学是目前各大高校开展教学工作中的一个重要组成部分，体育课程的教学目标应该适应目前社会对体育人才的需求，因此，高校应该积极运用先进的教学手段和教学媒介提升体育课程的教学成果。目前很多高校的体育教师根据多年的教学经验形成一种固定化的教学理念和教学手段，导致很多高校在开展体育教学的过程中，课程的开展形式主要是传统的知识讲授，不能适应目前的教学发展需求。为了更好地开展体育教学工作，提高高校的体育教学现代化，高校师生必须更新现有的教学观念，强化网络平台在体育教学中的应用，推动这种全新的教学理念和手段的快速发展。

3. 借鉴国外的发展经验提升我国 MOOC 课程的灵活程度

目前，国外的 MOOC 课程发展程度较高，也取得了一定的教学成果，在体育教学工作中有着一定的经验。为了提升我国高校体育教学工作的成果，我们应该吸收国外高校在开展网络课程教学工作中的经验以及先进手段，努力提升体育网络课程的建设程度和发展情况。同时，我国高校在开展 MOOC 课程的时候不能照搬国外的发展模式和手段，应该根据自身的发展情况以及国内体育课程的开展现状进行灵活性的课程开发。同时重视学生对体育课程的意见反馈，通过学生的直观感受提升网络课程的建设成果。

MOOC 课程是目前具有先进水平的教学手段和媒介之一，高校在开展体育课程的工作时，应该积极运用国外的发展经验和先进的教学手段，提升体育教学工作的先进性，同时根据高校自身的发展情况和课程的建设水平灵活运用 MOOC 课程，灵活调整体育课程的安排情况。

四、基于人才培养的高校体育教学模式

高校作为体育人才培养的摇篮，肩负着为社会各阶层培养高素质人才的使命。然而，在当前高校体育教学中，由于体育教学模式滞后，在一定程度上导致体育人才培养成效远不如想象的好。随着素质教育的不断实施与深化，高校应着眼于社会需求，并结合自身办学条件，及时革新体育教学模式，培养更多体育优秀人才。

（一）培养高校体育人才的必要性

在当今社会环境下，高校人才培养的主要目标着眼于服务、生产及建设等多个方面，并重视学生能力、知识、素质的全面发展。为此，高校人才培

养的教育活动与课程设置都是围绕培养应用人才目标展开的。而体育教学作为高校教育教学的重要组成部分，对大学生身心健康发展有重要作用，所以体育教学更具有鲜明的实践性及应用性。鉴于此，高校应结合体育教学与社会发展需求，革新高校体育教学模式。即打破传统教学观念，以学生个性需求为出发点，因材施教，充分发掘学生的体育潜能，提升学生社会适应能力及就业竞争力。因此，在素质教育及新课程背景下，培养高校体育人才势在必行。

（二）基于人才培养的高校体育教学模式方向选择

第一，当前高校体育学生多为"00后"，由于学生个性特征较为显著，对新型教学模式欢迎程度更高，所以基于人才培养的高校体育教学管理部门要充分引进更多新型体育人才，旨在满足学生对教学内容的趣味性、自由性及体育教学内容多元化需求。

第二，高校体育教学与其他学科教学存在的一个最大不同点，即授课过程对设备器材配置要求很高，并不是只要有一块空地就可以了。从拓展训练或定向越野来说，高校必须配备相对固定的场地及设备，如若缺乏相应场地及设施就无法顺利开展相应教学内容，进而影响学生的训练情况。因此优化体育教学设备配置是非常有必要的。

第三，随着高校体育教学模式的多元化，如果没有与之相适应的教学组织形式来支撑，高校体育教学的有效性是难以提升的。对此，只有针对不同的教学模式，选择合理且适宜的教学组织方式，才能为高校学生提供更好的学习保障，进而培养出更多优秀体育人才。

第四，在素质教育不断深入的当下，国内诸多高校已经设置了新型体育项目，如瑜伽、围棋及舞狮等，不仅激发了学生的学习热情，还为学校体育课程学习带来了更多趣味性。为此，结合时代发展进一步调整高校体育课程结构至关重要。

第五，在当前高校体育教学中，教师授课内容、教学实践能力、课程创新意识等方面还没有形成科学的评价标准。虽然高校已制定出相应的评价制度，如实践技能展示、实践成果展示，但这些评价制度还缺乏一定的可行性（重视锻炼结果，忽视学习过程），不利于学生全方面协调发展，更不利于优秀人才的培养。为此，完善高校教学评价体系非常有必要。

（三）基于人才培养的高校体育教学模式改革建议

1. 强化教学新型人才引进

当前大多数高校由于缺乏一定的高水平体育专业人才，导致基于人才培养的体育教学改革停滞不前，甚至出现了教学效率低下、学生学习兴趣不高等问题。为此，要想实现素质教育下高校体育教学模式改革，加强对人力要素的重视是关键。人力要素对于任何组织的发展进步都是非常重要的，特别是高水平的人力要素对组织的发展进步有重要促进作用。基于人才培养的高校体育教学模式改革也不例外，也需要高水平人才的辅助开展教学，以培养更多优秀人才。

基于此，在人才培养视角下，为进一步满足新课改新要求下高校体育教学模式的基本需求，开展体育教学模式改革，强化教学新型人才引进至关重要。特别是一些新型的体育项目，如街舞、射击、棒球等，都需要新型优秀体育人才提供教学。尤其是对于那些刚起步的高校来说，强化教学新型人才引进更为紧迫。因此，在素质教育不断深化的当下，为进一步优化高校体育教学质量，培养更多体育人才，高校必须强化高水平体育教学人才的引进，旨在更好地开展体育教学，促使学生积极主动参与教学活动。与此同时，高校还要对现有的体育教师进行培养，包括教学理念、体育理论科研水平及教学能力等，进而提升整体师资水平，完善专业结构。由此可知，在素质教育背景下，基于人才培养的高校体育教学模式改革，迫切要求教师有极强的专业能力，不断更新自身的知识系统，为培养更多优秀体育人才做好准备。

2.优化体育教学设备配置

实践教学离不开教学设备，教学设备既是实践教学的基础，也是实践教学的保障，更是衡量实践教学及规模的重要指标。然而，在当前大多数高校之中，均存在不同层面上的体育教学设备问题，不仅影响着高校体育教学质量（利用率不高、浪费严重），还影响着高校体育教学改革进程的推进。鉴于此，在基于人才培养的高校体育教学模式改革中，优化体育教学设备配置尤为重要。

具体而言，为全面解决高校体育教学设备配置问题，高校应增加和完善新的教学器材及设备配置，为培养更多优秀体育人才奠基。具体而言，对于一些较为老化的体育设备及时更新换代，且相应地增添一些新型的体育教学器材，促使师生能够在不同程度上获得体育教学及学习上的满足。基于此，高校体育教学相关管理部门，应合理科学地进行资金规划与配置，以期适当增加高校体育教学设备配置资金，进一步扩大新型体育教学设备配置，为实现体育人才培养贡献力量。由此可知，基于人才培养的高校体育教学模式改革，只有在体育教学设备配置上加以重视并全面完善，才能进一步推动体育教学模式改革，培养更多优秀体育人才。

3. 创新高校体育教学组织

随着新课程改革的逐步深入，传统形式下的体育教学组织已不能满足现代化体育教学需求。究其原因，传统形式下的体育教学组织形式单一且枯燥，不仅无法调动学生的学习积极性，也无法激发学生的运动潜能。因此，基于人才培养的高校体育教学模式要想改革，创新体育教学组织是非常重要的。实际上，高校体育教学模式改革就等同于教学组织创新，只有创新才能进一步推动改革发展，培养更多的优秀体育人才。

以高校班级授课为例，虽说这是一种基本教学组织形式，但随着高校体育教学发展，这种教学模式也就需要不断改革与完善。如创立新的课程结构模式，在班级授课基础上加强个别化指导，改变和丰富班级授课中的学生组织方式等。如分层教学是顺应新课改、新要求下诞生的一种新的教学方法，将分层教学应用到高校体育教学之中，可以让各层次学生都能找到适合自己的学习内容与方法，从而以饱满的兴致参与其中并体会到成功的喜悦，最终获得更为优质的教学效果，培养更多体育人才。

4. 调整高校体育课程结构

在新课程改革背景下，科学合理且能调动学生学习积极性的体育课程结构，既能优化课堂教学效率，还能提升学生体育技能训练质量。相反，设置不科学、不合理的体育课程结构，既不利于课堂教学效率的提升，也不利于学校对体育人才的培养。因此，基于人才培养的高校体育教学模式改革，调整高校体育课程结构与以上所述三点同等重要。

具体而言，以学生全面发展为核心，构建专业理论、专业实践及素质教育的人才培养体系是高校体育人才的培养目标。只有找准体育课程在人才培养中的定位，才能根据学生的专业特点，合理设置高校体育课程，为学生个体发展服务。即高校体育教师要紧随时代发展，首先，拓展一些新兴体育项目，如瑜伽、街舞、围棋、舞狮等，并将这些新兴体育项目引进体育课程建设之中。其次，高校可以实行选修与必修相结合的形式，强化学生课堂学习自主性的同时丰富学生课程结构合理性。最后，将终身体育理念融入体育课堂教学中，旨在通过课堂学习使学生养成终身体育锻炼的意识，提高学生身体素质。由此可知，调整高校体育课程结构是推动基于人才培养的高校体育教学改革的重要途径之一，高校应加大重视程度，不可忽视。

5. 完善高校体育教学评价体系

影响基于人才培养的高校体育教学改革因素，除了以上四点之外，也包括高校体育教学评价体系。为此，要想推动基于人才培养的高校体育教学模式改革，完善高校体育教学评价体系举足轻重，只有制定切实可行的教学评价制度，才能科学评价学生，促使学生更好地学习与发展。

例如，高校教师可以记录学生各阶段的专业及实践成绩，如每个学习阶段的量化分值，并对其进行综合分析，旨在通过研讨与分析及时调整体育教学计划，促使学生明确自身阶段性任务，并朝着这个方向科学有计划地开展体育训练，以期成为一名优秀的高校体育人才。由此可知，基于人才培养的高校体育教学评价体系，不仅要将过程性与结果性有机结合在一起，还要将理论性与实践性结合在一起，进而有效提升高校体育教学评价体系的科学性及公平性，为培养优秀体育人才奠定坚实基础。

五、生态文明理念下高校体育教学模式

为了更好地构建高校生态体育教学，首先需要弄清楚高校体育在教学模式转变方面遇到的问题。

（一）生态文明理念下高校体育教学模式的转变问题

1. 生态体育认知不足，体育活动组织不力

随着我国对生态文明建设的越加重视，"五位一体"的生态文明建设已经被写入国家发展战略之中。然而，目前很多高校还并未将体育教学的生态化发展给予一定的重视。由于高校体育的教学模式一直以来延续的都是传统教学理念和教学方式，所以很多高校尚未认识到"生态教育"的根本目的与发展意义，生态体育教学依旧停留在理论层面。甚至很多高校出现了敷衍了事的状态，这严重阻碍了我国高校体育配套设施的引进，也不利于师生生态意识的提升。

2. 高校地理位置不利，生态体育教学不佳

调查发现，目前我国各大高校大多数处于城市繁华地段，虽然所处地理位置十分优越，但是教学环境较差，且存在一定的交通拥挤现状，导致学生的整体体育训练效果不佳。另外，在现实的生态体育教学模式转变下，笔者发现现有的生态体育教学模式并未抓住学生的兴趣点，教学内容、教学模式

都未引起学生的注意，评价方式也未关注过学生个体之间运动能力的差异化，往往一概而论。加之高校教师自身体育素养与知识水平的限制，无法充分满足生态理念下高校体育教学模式转变的需求。

3. 配套设施严重滞后，生态体育开展不顺

近年来，随着各大高校的扩招，高校的学生数量呈现爆发式增长的趋势。高校用于体育锻炼的场地本就不够用，加之目前学校的大量用地用于本校的基础建设项目，使得学校的体育健身场所更是骤然减少，活动面积严重不足。因为高校资金投入及思想认知层面的限制，生态体育配套设施建设相对滞后，硬件设施配备不足成为影响高校"生态体育"发展最为关键的要素。根据笔者所见，目前很多省级高校甚至没有自己的游泳馆、乒乓球馆，仅有田径跑道和篮球场，这对于高校开展多样化的体育教学是非常不利的。

（二）生态文明理念下高校体育教学模式的转变措施

1. 树立生态体育文明新理念

高校体育引入生态文明理念，目的是促进人与人、人与环境、人与社会的和谐发展。首先，要明确教师与学生的理念，使得高校的体育建设与生态理念紧密结合，让传统的体育教学向更健康、更文明的方向发展。其次，要让学生明确生态文明体育的重要性，加强对身边环境以及周边设施的重视，提高对自然的热爱程度，实现人与自然的和谐。最后，树立高校体育教学的科学化与系统化思想，引导学生树立正确的体育锻炼思维，遵循科学的体育运动规律，科学进行体育运动，逐步实现人与社会的和谐发展。

2. 创建生态体育教学新环境

要想创建生态体育教学模式的新环境，首要需要建设的是高校生态体育发展所需要的自然环境。自然环境就是包括高校在内的所有人类活动已有的物质前提，所以在健全高校体育教学生态化结构的同时还应该构建它应有的自然生态环境。一方面，高校在选址上要远离市中心较繁华路段，以免城市交通的拥挤、噪声的干扰不利于学生正常的体育锻炼。要选取远离城市的周边郊区位置，最好是环境幽雅、安静的场所。另一方面，对于体育场地以及配套设施、器材的选择则要注意内外部空间的科学运用。例如，合理运用高校空地，建立安全生态体育场所，对各项运动设施给予后期的维护，同时将场馆内的器材定期更新换代，为学生营造更安全的运动环境。

3. 创新生态体育教学新模式

生态理念下的体育教学模式转变不仅仅要对体育内容本身进行转变，还需要对体育教学评价进行转变。将传统的只会量化的体育评价逐步纳入心理、情感等因素进行考评，且在评价过程中，要重视学生课余的体育锻炼方式、身心发展程度以及价值观念的形成。另外，在体育教学中，要以学生为本，重视学生自身的需求，尊重学生个体的差异化，善于发现学生体育锻炼的擅长项目，用欣赏的眼光看待每一个学生，引导学生树立正确的生态化体育锻炼意识，提高学生对高校体育运动的重视。

总而言之，生态理念下的高校体育教学模式的转变是为了让高校逐步摆脱传统体育课堂对学生的限制，转变师生的意识，提高学生对生态文明的认识程度，从而增强学生对于高校体育课程的重视度。这对提高学生的身体素质，养成学生体育锻炼习惯具有重要意义。

六、虚拟现实（VR）技术的高校体育教学模式

进入 21 世纪，随着信息技术的不断完善，信息化在教育教学领域不断得到更好的应用，在高校体育教学中运用 VR 技术成为大势所趋。高校体育课程具有较强的理论性、特殊教学手段的特点，VR 技术下的"沉浸式"课堂，具有较好的教学效果。

（一）VR 技术概念的内涵及其发展

1. VR 技术的概念内涵

虚拟现实技术又简称 VR（Virtual Reality，虚拟现实）技术。所谓的虚拟现实指的是在计算机的帮助下对人类的感知进行模拟，我们又称其为虚拟环境。在对虚拟环境进行创造的时候，相关人员通过听、触、视等多种感觉的作用对感知进行强化，使人具有身临其境的现实感，进而让人们沉浸在计算机制造的虚拟世界中。在创设学习情境时广泛地应用虚拟现实技术，对学习内容的形象和趣味性具有较强的促进作用，有利于实现更好的学习效果。把 VR 技术引入高校体育教学之中，不仅可以让危险动作的训练更加安全，还可以进一步降低培训成本。所以，对体育教学领域来讲，VR 技术相对于多媒体、计算机技术更具优势。

2. 起源与发展

VR 技术综合运用了模拟技术、仿真技术、计算机技术等，是一种集合多种技术的高科技。虽然自 2016 年之后 VR 技术才被人们熟知，但是实际上其发展历程已经走过了六十载。当前，很多高校已经致力于研发和应用

VR技术，有的高校成立了系统仿真、虚拟现实技术实验室，不断促进VR技术在现实中的应用。例如，浙江大学、哈尔滨工业大学、北京航空航天大学等院校在虚拟视觉感知、人机交互等方面具有很深的研究，这些高校的实验室甚至可以承担较高科研水平的项目。实践表明，VR技术可以让学生在很好的场景下开展学习，让学生的体验更明显，这对学生掌握和巩固知识具有较强的促进作用。

（二）VR技术在高校体育教学中的应用情况

1. 国内高校教育中VR技术的应用现状

随着计算机技术的不断发展和教学理念的改变，VR技术在高等教育中的应用越来越广泛，特别是在体育教学中的应用更加深入。北京某科技公司在VR领域具有较深的研究，他们通过整合VR技术和课堂教学研发的"IES"沉浸式课程体系获得很大的成功，并在高校体育教学中进行了有效的应用。2016年，在广东工业大学举行的VR技术在教学中的应用实践研讨会，使VR技术在高校体育教学领域有了更广阔的应用。

2. VR体育教学相比传统体育教学表现出的优势

在体育教育中运用VR技术，可以确保教师的指导更加精确，让教师更有效地开展教学。借助VR技术，教师可以对学生的动作进行有效的捕捉和多次播放，对学生动作的正确性和规范性进行检测，让师资压力进一步减轻。在互联网和大数据的作用下，VR技术可以有效地记录学生的体育学习情况，如学生的运动时间、运动类型、身体情况等，在计算机的帮助下向教师和学生反馈体育教学结果。对教师来讲，可以更好地对训练进行有效的调整；对学生来讲，在 VR 技术的作用下，学习兴趣得到培养，学习体育知识的热情高涨，还能更好地理解和掌握运动技能。同时在 VR 技术的帮助下，原来的安全、场地、设施等体育教学受限因素将不复存在，通过 VR 技术，教师可以对多种体育项目所需的场地进行模拟，更好地开展体育教学活动。

（三）VR 技术在体育教学中的应用

1. 虚拟现实沉浸课

3D 仿真模拟是沉浸式学习的起源，在教学课堂上有很好的表现。随着 VR 技术的不断提升，在视听设备的帮助下，学生可以对学习环境进行科学有效的构建，实现和真实学习同样的感受。把 VR 技术引入体育教学领域，可以实现一些奇幻的学习体验，如漫步星空、畅游深海。事实上，和其他国家相比，我国把 VR 技术引入课堂教学中的时间最早。

一些高精技术教学，如航空航天、医学等学科的课堂教学中已经形成较为完整的 VR 技术应用体系，和其他学科的教学模式相比，体育领域的竞技活动具有一定的特殊性，在体育教学中引入 VR 技术和其他学科存在很大的不同。作为一门综合性学科，运动训练学科涉及管理学、物理学、医学、心理学等众多学科，不管是教学内容还是训练内容的方式方法等都受限于体能、技能等多种因素的影响。把 VR 技术引入体育教学领域，在平台上集终端、应用系统等于一体化，构建和真实学习环境一样的学习模式，以便于学生能够全神贯注地投入学习之中，获得类似一对一教学的效果和感受。

当前通过 VR 技术构建虚拟环境并不是简单地构建 3D 仿真，或者对实际场景进行模拟，而是实现 360 度全景式的虚拟实景。体育教学的特殊性决定了其具有特殊的虚拟环境构建，运动项目的不同所需要实现的虚拟场景也存在一定的不同。因此这就要求我们必须根据体育运动项目的实际情况对其教学进行虚拟现实沉浸，并在其中很好地融入其他技术，诸如 AR、MR 技术等，以便于保持丰富多彩的课堂形式。

2. 教材体系的应用

对大学体育教学来讲，教材在其中扮演着一个重要的角色，通过教材理论知识的帮助，学生可以更好地了解和读懂动作标准和要求，以便于更好地对各种技术尽快掌握。传统的体育教材，一般使用文字结合图片的形式描述技术动作，但是不管文字如何描述，图片如何精美，都无法把技术动作全方位地展现出来，只能退而求其次使用分解动作进行展现。VR 技术可以改变这种情况，也就是说我们可以通过 VR 技术构建虚拟环境让学生全方位观看动作要领。我们把 2D 的图片转变为 3D 的动画，通过这种形式对教学知识点进行对应展现，让原本枯燥、难以理解的理论知识变得有趣，确保技术要点以更加生动和直观的形式不断展现，这对学生学习主动性和兴趣的激发很有帮助，可以使学生尽快掌握重难点知识，实现效率和质量并重。

在信息技术不断发展的当今时代，课堂形式变得越来越先进，对现代体育教学而言，传统体育课堂传授知识的执教模式已经不再适用，尤其是引入 VR 技术之后，其具备的超时空性、仿真性等特点，开辟出了全新的执教领域和天地。在虚拟化教学的帮助下，教师可以在教室内展现出以前必须在操场上开展的体育项目的学习，让死气沉沉的课堂教学变得更加生动有趣。例如，在游泳课程的教学中，教师运用 VR 技术，可以更加清楚地讲解游泳动作。同时，VR 技术还可以让教师和学生的交互性大大提升，不再受时空的限制。

对体育教学事业而言，高校体育教学改革是其中的一个重要环节，在"互联网＋"技术浪潮下，VR 技术得以不断完善。相信在今后的教学过程中，VR 技术的应用会更加广泛，也会取得更好的效果，对此，作为高校体育教师应该有清醒的认识。

七、面向阳光体育的高校体育教学模式

我国社会整体发展速度正在不断加快，在这样的时代背景之下，我国教育事业的整体发展进入了一个新的阶段。尤为值得注意的是，尽管教育体系在宏观上不断革新，但在大学生群体中，体育素质的培养却成为一个亟待加强的薄弱环节，然而，对很多大学生来说，其综合体育素质较差，并没有养成良好的体育锻炼习惯，这也导致其身体素质以及心理素质较差，将来走向社会势必会面临多方面的考验，如果学生自身的心理素质较差，很难在社会上立足，同时也不利于学生的健康成长。因此，对高校而言，体育教学是非常重要的，但是传统的高校体育教学模式往往与现阶段的阳光体育教学理念存在着一定的差距，这势必会影响到高校的综合体育教学质量，同时也不利于学生的综合健康发展。在这样的时代以及教育背景之下，高校应该对自身的体育教学体系以及模式进行不断改进，从而促进高校体育教学事业的不断发展。

（一）阳光体育教学理念在高校体育教学落实过程中存在的问题

1. 目标意识不强

从现阶段我国高校体育教学活动开展的实际情况来看，虽然很多学校已经全面落实了阳光体育教学的理念，但是从整体的落实情况来看，往往存在

着教学目标意识不强的现象。在新的教育教学形势下，如果高校体育教学的目标意识较为薄弱，这势必会对高校今后体育教学事业的开展产生较为严重的影响。对高校而言，在开展体育教学的时候，不仅要让学生掌握相关专业知识以及专业技能，同时还应该使学生的身体素质以及心理素质与现阶段我国社会发展的实际情况相契合，这样才能够保证学生的综合素质得到有效提升，在正式踏上社会之后，可以更加从容地面对来自外界的种种考验，这也是高校体育教学的重要意义以及职责体现。但是很多高校在开展体育教学的时候往往会受到传统体育教学理念的影响，这也在很大程度上影响了高校教育事业的整体发展，很多学生都没有养成良好的运动习惯，如果教师不监督，学生的身体素质就会下降，这不利于学生在现今竞争日益激烈的社会环境中长足发展。

2. 高校体育设施存在落后的情况

从现阶段我国高校体育教学活动开展的实际情况来看，很多学校都存在着体育设施较为落后以及体育设施不健全的情况，多数高校为了节约教育教学活动的成本，往往对体育教学的重视程度不够，在体育设施采购方面的资金投入较少，这也使得高校体育教育事业的发展速度较慢。体育设施是体育教学活动的基础。体育课程是一门以实践操作为主的课程，体育设施对于体育教学活动的开展有重要意义。除此之外，阳光体育教学对高校体育教师自身的专业水平也有很高要求，但是很多高校的体育教师往往没有达到这样的水准，缺乏教学经验，并且对新的教学理念以及教学器材的接受速度较慢，这也直接导致了体育教学模式的创新速度较慢，很难赶上时代以及教育事业的整体发展脚步，这也是导致阳光体育教学的整体质量难以得到有效提升的关键。

（二）阳光体育的高校体育教学模式创新体系构建策略

1. 转变体育教学理念

想要更好地落实阳光体育教学理念，首先应该对传统的体育教学理念进行转变，从而使其更加适合现阶段我国教育事业的整体发展理念以及社会的发展理念，这样才能够保证学生进入社会之后有较强的心理素质，对自身有更加明确的认知以及定位。面对阳光体育教学理念，高校的相关领导人应该清晰地认识到体育教学的重要性，对传统的体育教学理念进行转变，坚持以学生为本的教育理念，注重体育教学情感化，这样一来，可以使学生在体育教学活动中的重要性得到更好的体现。例如，高校在对学生进行篮球教学的时候，其中有一个非常重要的环节是投篮教学，教师完成基本动作的教学之后，可以让学生自行练习，当学生练习一段时间之后，教师要组织学生开展小组投篮竞技游戏，这样可以有效提升学生学习篮球的积极性，同时也可以激发学生学习篮球的兴趣。

2. 注重开展课外运动

面对阳光体育教学理念，高校应该将体育教学的内容与学生的课外活动进行关联，丰富学生的业余生活。例如，高校可以定期举办足球比赛，足球是一项全民运动，也是一项集体性很强的运动，可以让很多学生都参与其中。在足球比赛前，教师还应该注意对参赛的学生进行技术指导以及团队协作指导，这样可以使球队的整体凝聚力得到有效提升。同时，在进行足球比赛的时候，学生还应该做好相应的保护措施，避免在运动中出现受伤的情况。

从现阶段我国高校体育教学活动开展的实际情况来看，尚且存在着诸多问题，学校方面应该积极对自身的教育教学模式进行改进，同时还应该根据学生的实际情况对其开展有针对性的体育教学。面对阳光体育教学理念，高校应该丰富体育教学模式，告别传统的单一体育教学方式。此外，还应该进一步提升体育设备的采购以及更新力度。体育设施是保证体育教学整体质量的关键，只有保证体育设施的供应，才能够保证体育课程的实践性得到更好的体现，从而使得高校体育的综合教育效果得到更好的体现，有助于学生身心健康成长。

八、文化传承视野下高校体育教学模式

中国作为四大文明古国之一，拥有五千年的历史，我国的文化博大精深，一直以来都是人们的精神向导。进入 21 世纪之后，我国在教育中的改革表明国家对文化传承的高度重视，对文化复兴的强烈期望，在高校的教育改革中如何融合中华文化，是改革中的重要环节，对于文化传承起着重要的作用。

（一）文化概念

文化是人们对生活的升华，是人们在满足物质需求后对精神需求的追求，是人们在社会发展中，为后人创造的文明。先辈在精神追求的过程中，创造了文字，发明了笔和纸，通过诗词歌赋让我们有机会了解到他们的精神追求，这就是文化。

（二）体育文化

体育文化与早期人们的生产生活有很大的关联，受到地区和民族文化的影响，是人们对生产劳动的总结和升华，也是和平时期人们对尚武精神的推崇，反映了人们对物质生活的满足和追求身体健康的精神目标。

（三）文化传承创新与高校体育文化

一个国家的综合实力在文化传承上有重要的体现，只有综合实力强的国家，才不会被国外的文化侵蚀，才会将本国的文化进行传承。任何国家和民族的发展都离不开文化的熏陶，而文化也离不开社会和人民。人离开文化的熏陶就会丢失精神的追求，就会变成野蛮人。社会离开文化的熏陶，社会的风气就会变得浮躁。文化、人和社会是相辅相成的关系，只有携手共进才能让人民进步、社会进步，文化才能得到传承。高校是为社会培养人才的基地，因此不能没有文化的熏陶，高校教育作为社会发展中的重要角色，在文化传承创新方面有着重要的责任。高校的教育，如果对学生没有文化传承的教育，就不可能培养出品格高尚的大学生，不能培养出高素质技能型人才，对社会的发展就没有价值。所以在高校教育中，文化传承创新是重要的教学目标，高校需要在校园内为学生创造良好的文化氛围，在文化传承创新上要成为领头羊，只有这样才能推进我国社会主义文化强国建设，才能让我国的文化在全球多元化的影响中生生不息。

体育文化作为高校校园文化的一部分，主要是通过体育活动，培养学生的体育精神，增强学生文化意识的教育。良好的体育文化氛围，不仅可以培养学生的体育锻炼意识，还可以培养学生的社会责任意识，可以让学生对于参加社会活动变得更加积极，培养学生的交际能力。高校体育文化反映一个时代、一个国家的特征，在教育中影响着学生的社会价值观，也影响着学生对于体育精神的认知和体育活动的行为。体育文化从其本质上讲，是体育活动中体现出来的精神价值，这种体育精神影响着学生的精神追求和行为作风，是在人们长期的体育活动中总结的意识形态，是人们超脱于体育活动的内心追求，是体育文化的灵魂。不管是哪种形式的体育运动，都不能没有体育精神。体育行为是人们为了满足体育活动需求进行的活动，体育行为有很多种，比如观赏比赛、购买体育用品、组织与体育活动有关的行为和活动，这就产生了体育行为文化。高校体育教学的重要性，在于其可以影响学生的体育行为和体育活动习惯，从而对学生的体育精神产生影响。体育精神的培养，可以决定学生的人生观、价值观，所以高校要不断地进行文化传承和体育改革才能更好地培养学生的体育精神。

（四）当前体育教学存在的矛盾分析

我国对高校的体育教学是比较重视的，在中华人民共和国成立的 70 余年里，根据不同时期的发展需求和历史特点，前后 5 次对高校体育教学的指导纲要等相关文件进行修改，每次修改都为高校的体育教学内容进行拓展和补充。新的时期，也要有新的内容，老旧的体育教学指导纲要，在当前实际的体育教学中有很多的问题，现在的学生沉溺于游戏、玩乐，身体素质逐渐下降，还不喜欢参加体育活动，缺乏体育锻炼的意识。这种情况的发生与高校的体育教学有关，也与社会发展的环境有关，面对新的问题和环境，高校要积极寻找解决办法。

1. 课程目标理念与实施载体之间存在缺失

教育部颁布的《全国普通高等学校体育课程教学指导纲要》指出，高校体育教学要以"健康第一，终身体育"为指导思想，"运动参与，运动技能，身体健康，心理健康，社会适应"为教学目标。但在实际的体育教学中，各高校无法正确地用体育课程对学生进行心理健康辅导，也无法达成实践教学的目标。在体育教学中，教师习惯教授体育知识和活动技能知识，没有重视在体育教学中对学生进行体育文化的培养，使体育教学缺失了文化的传承。

2. 课程目标理念与组织实施行为之间的缺失

体育课程目标理念的实现需要高校合理安排课程内容，系统建立课程结构，不断完善体育教学方法。当前高校的体育课程时间短，课程内容单一枯燥，学生多是学习体育课程的理论知识，教授体育技能的课程有乒乓球、排球、羽毛球等，并不是所有的学生都对这些课程感兴趣，所以导致学生对体育课的学习兴趣并不是很高。学生对体育课程的学习也只是为了获得学分，对体育运动的技术技能，只学到很浅的一部分，只要能够达到考核的要求，就不会再练习，也不会对体育文化进行深入学习。学生上体育课，只是为了签到保证满勤，以及提高综合考核成绩，这样的体育教学模式没有重视对学生进行体育意识和体育习惯的培养。而且高校的场地有限，为了全方位地发展会开设其他课程，建设相关课程的教学场地，使体育教学的场地减少。由于高校的资金短缺，在体育器材的购买力度上也会降低，不能满足当前体育教学对硬件的需求，使体育教学的改革受到很大的阻碍。

3.课程目标理念与器物配备之间存在缺失

现在很多高校的体育场地有限，体育器材也得不到充分补充，在实际的体育教学中无法实现课程目标理念。因为场地限制，很多体育项目都没有开设，如网球、标枪、射箭等。有些体育项目，各高校虽然都有开设，但是没有配备专业的场地和器材，如乒乓球、排球，故而学生对体育课程没有较高的热情，所以体育教学的效果并不能让人满意。

（五）高校体育教学改革课程建设建议

1.体育课程目标的确立要具有多维价值性

在文化传承视野下的高校体育课程目标主要是培养学生的能力价值观、健康价值观、文化价值观和社会价值观。能力价值观是学生在高校体育课程中，对体育知识的掌握和体育锻炼的程度；健康价值观是学生运用体育知识和锻炼使自身的身体素质得到提高；文化价值观是学生在体育活动中的体育观念和价值；社会价值观是学生在体育课程学习过程中形成的思维和价值。所以，高校体育课程目标的确立要具有多维价值性。

2.多元化课程内容设置

课程内容的设置要根据课程目标确定。高校应从以往的经验中寻找方案原则，要理论与实践、传统与现代、民族与国际、兴趣与科学、生活与人文相结合，并根据实际的教学情况，设计体育课程内容，如体育知识理论、体育项目、竞赛训练，这样既丰富了体育课程内容，也使中华文化得以传承。

3. 系统化的课程实施

设计好的体育课程在实践的过程中，要进行系统化的执行，要合理地安排课程设置和课程结构，在实际的体育教学中要找到合适的教学手段，体育教师要因材施教，对不同学生使用不同的教学方法。高校也要加强对体育教师的文化素质和专业素质的培养，同时对体育教学的硬件设施和人文景观进行建设，为学生提供良好的文化氛围。

（六）文化传承视野下高校体育教学模式的创建研究

1. 高校体育教学改革与校园体育文化相结合

校园文化建设和体育文化建设是体育教学改革中的精神动力，高校应加强对校园文化和体育文化的建设，高校在体育教学的改革中要坚持以人为本的理念，不断完善体育物质文化建设和体育精神文化建设，使学生在文化的熏陶下，不断提升自身的身体素质和心理素质。

2. 高校体育教学改革与文化传承相结合

在体育教学中融合中华文化，不仅可以促进学生心理健康，还可以让中华文化得到传承。文化传承和高校体育教学改革的融合，不是一蹴而就的事情，需要对其进行探索研究，需要思考和制订行之有效的计划，才能让高校培养出国家当前需要的人才。在体育教学过程中弘扬中华文化，对学生进行体育精神的培养，首先要培养学生的文化传承意识，其次要培养学生对精神世界的追求。这样才能让学生主动学习，提高自身的文化素养，学生才能主动进行体育锻炼，增强自身的身体素质，才能在文化传承视野下努力充实自己，为我国高校体育教学改革作出贡献。文化传承是高校体育教学改革的理论基础，体育教学改革中提倡的以人为本和各种健康体育教学理念都是从中华文化中提炼出来的，所以高校的体育教师也需要不断学习扩充自身的理论知识，这样才能为学生提供更好的体育教学，让学生在掌握体育运动知识和技能的同时，也能够做到对中华文化的传承。

3.高校体育教学改革与中华文化精神内涵相结合

中华文化在高校的体育教学中的传承和发扬，可以促进学生对文化的学习和精神的进步。大学生是社会发展的基石，是中华文化传承的中坚力量，因此体育教学改革是必要的，它可以促进学生精神世界的提升，可以让学生感受到中华文化的魅力，让中华文化在高校的体育教学中得到传承。

高校在推动文化传承的实践中，要强化校园内的文化氛围，让学生时刻都在文化的熏陶之中。高校在体育教学改革中应大胆创新，将体育教学与文化进行有机融合，拓展体育文化的精神内涵，让学生在体育课程的学习中，使自己的身心素养得到提高的同时，对社会的了解也要更加深刻，在学习的过程中认知自我。

第三节　新型体育教学模式的构建和运用

一、高校体育互动教学模式的构建

"为了每一位大学生的发展""以人为本"是教学大纲的核心理念。在高校体育课堂教学中，教师的首要任务是要营造一个接纳的、支持性的、宽容的教学氛围，创设能引导大学生主动参与的教育环境，让他们在平等、尊重、信任、理解和包容中受到鼓舞和激励，使他们的个性得到解放与张扬，情感得到丰富与发展，思想得以交流与提升。为此，在日常工作中，营造出开放互动的高校体育教学氛围，具有非常重要的现实意义。

（一）转变高校体育教学观念

1. 由单纯生物目标向全面发展目标观念转变

人的全面发展是指身体、智力、品德、审美和技能（特别是运动技能）各方面的形成和发展。在传统观念里，高校体育教学的目标是使学生通过身体练习掌握运动技术，提高身体素质，只是单纯生物方面的发展，而忽视了其他方面的发展。因此，在高校体育教学中应充分体现体育教学的教育性，根据教学内容的特点，通过教与学的双边活动，对学生进行激发、诱导和感染，运用现代的教学思想和教学形式、方法，培养学生的意志品质、个性等，通过优美的示范及对音像教学视频的欣赏，使学生对内在的美有深刻的体会，在知、情、意、美、行上全面发展，达到教学目的和目标。

2. 教学形式多样化，由讲授转为引导

学生是学习的主体，能否调动学生学习的积极性是教学成功与否的关键。因此，在体育教学形式上教师应打破过去那种注入式、照本宣科的讲授形式，教学形式要多样化，对学生要善于引导，给他们自己锻炼的机会，通过"导学""导练""导规"等方法引导学生的体育学习方向，改变教学中"我要练"的教师强制性学习和"教师要我练"的以学生为客体的被动倾向，形成"我要练"的以学生为主体的主动体育。

无论是掌握知识还是发展智能，除了需要外因——教师的有效指导外，更要通过内因——学生的积极思维才能实现。教学中教师的引导作用不仅要体现在教学活动中，更应体现在如何调动学生学习的积极性和培养学生思维能力上，要给学生提供更多的时间来思考和练习。传统的教学以课堂为中心，教材、进度、方法同一模式，把教学活动拘泥于狭小的天地里，学用脱节，不利于培养学生的主动性、创造性。因此，要扩大教学领域，积极开展第二课堂建设，使之成为教学内容的一部分，利用第二课堂组织各种形式的锻炼小组，开展各种课外竞赛活动，并逐步走向社会。

（二）和谐的氛围是互动教学的基石

和谐的气氛并不意味着失去严肃性，而是建立在有组织性、纪律性的课堂基础之上的。和谐的课堂氛围可以帮助教师更好地完成教学任务。良好的师生关系，同样建立在和谐的前提下。教育心理学研究表明："不断发生着微妙的情感交流的教师和学生之间，学生的情绪是伴随着整个教育的各个阶段。"教师在教学过程中的言谈举止直接影响课堂气氛的和谐程度。面对一个新动作的学习或练习动作失败的学生，教师必须用温柔的眼神、鼓励的言语帮助其树立自信心，进而提高其满意度。

（三）构建民主、平等、和谐的师生关系

在教学中，教师和学生是构成课堂环境的重要因素，是课堂活动的主体。教学活动中的人际关系主要有两种：一是师生关系，二是生生关系。教学过程就是一种人际交往活动的互动过程，在师生展开交往的过程中，交往的双方都是具有独立道德的自由主体。在教学活动中学生是主体，是与教师配合

进行教学活动的参与者。而教师在教学活动中不仅是"所有课堂参与者之间以及这些参与者与教学内容之间各种活动的促进者"，还是教学过程的组织者、引导者、参与者、评价者、服务者。因此，师生双方是在道德平等的基础上合作，共同以主人的身份来完成教学活动。这样就把学生群体真正纳入一种民主、平等、理解、双向的师生关系中。在这种关系中，学生可以积极地参与教学活动，也在教师的尊重、信任中全面发展自我，获得成就与价值的体验，并感受道德的自主和尊严，感受心灵成长的愉悦。因此，在教学活动中，体育教师要积极地创设民主平等的师生交往和生生交往情境，使学生更多地体验到平等、自由、民主、尊重、信任、友善、宽容、理解、亲情和友爱，同时受到鼓舞、感动、激励、鞭策，得到指导和建议，从而形成健康、积极、丰富、向上的情感体验、人生态度和价值观。

（四）实现大学生的主体地位

创新能使人快乐，求美能使人愉悦。体育教师要特别重视培养学生自己科学设计、组织练习的能力，在课堂教学中要给学生一个自由选择的余地，鼓励他们利用已有的体育知识去解决实际的问题，鼓励他们大胆探索，勇于实践。随着大学生知识、技能和身体素质的不断增长，他们独立学习的能力，分析问题、解决问题的能力较之以往有很大的提高。因此，在新课改精神指导下，要实现大学生的主体地位，让大学生参考教材或用教师提供的练习方法进行练习，也可以自己设计练习形式和方法，充分发挥他们的主观能动性，诱导和启发大学生积极参与教学活动，体现以学生为主体、教师为指导的教学思想，这样不仅可以满足大学生渴望自由运动的需求，而且可以充分发挥他们的想象力和创新能力，在这种诱发力的推动下就会形成"情境—教师—学生"多项折射的和谐气氛，使他们乐学、愿学、会学，达到自我实现的目的。

（五）在分层教学中要开展形式多样的体育教学方法

在制定了不同的体育教学目标和可供选择的体育教学内容以后，必须要采用合理的教学方法才能把教学内容传递给学生。不同教学方法的选择，主要依据学生个性差异。不同的学生拥有不同的个性，因此也拥有不同的世界观和人生观。所以同一种教学方法并不一定能适用所有学生。在体育教学中应该综合运用多种教学方法和手段，只有根据不同学生的差异采取不同的教学方法，才能达到事半功倍的效果。这对体育目标的实现，对学生体育知识的提高都是很重要的。而且，只有这样才能让学生不害怕上体育课，才能让学生对体育课产生兴趣。实际上，不同教学方法的选择，也是对学生主体性的肯定，只有尊重学生的差异，正视学生的差异，并且对学生的差异采取行之有效的教学方法才能够使学生的个性得到发展，这同样也是教育公平的要求，对学生形成终身体育观念也是有重要作用的。

（六）在体育课堂教学中教师还应注意的问题

1.确保学生合作的时间和空间

在教学过程中，我们经常会遇到为了赶时间，教师或学生提出问题后让优秀生回答，这会剥夺大部分学生思考的时间，使他们参与教学活动的积极性、主动性受挫。在教学中，应给予大部分学生足够的思考、合作时间，重视生生互动，只有保证合作的时间，学生才有机会进行互相切磋、共同提高，学生的主体性才能得到体现，学生才会产生求知欲，把学习当作乐趣，最终进入学会、会学和乐学的境界。只有保证合作的时间和空间，才能保证合作的质量，真正体现合作学习的作用。

2. 重视教师的"导学互动"教学

学生可以摆脱对教师的依赖，独立开展学习活动，自行解决现有发展区的问题，但不能离开教师的指导，不能一谈互动学习，就忽视教师的指导作用。因此，教师要对学生进行学习目的性的超前教育，学习兴趣、学习目标的超前诱导，学习习惯的超前培养。教师的指导要有针对性，必须根据学生学习中提出和存在的问题进行教学。要以学导教，确定导学导练的重点，把学生提出的有价值的、体现教材重点、难点的问题，加以梳理，形成几个重点问题，引导学生在学、思、议的过程中逐一加以解决。教学中，只有既充分发挥学生的主体作用，大胆放手让学生自主学习，又重视教师的导，学生才会爱学、乐学、会学，真正学会学习。

3. 提供自主学习的环境

教师在体育教学中要适时地、有计划地安排一定的自主学习的时间，要给学生有选择的权利和尽可能多的选择余地，允许学生自由练习与思考，允许学生标新立异。切忌用集体的目标和方法取代学生个体对目标和方法的选择，应倡导每个学生从自己的实际出发，依据集体的目标来确定其个体目标和选择方法。如"踏石过河"游戏，教师只需规定条件：三块石头；提出要求：安全快速过河。至于采用何种方法，哪种方式，由学生自己去实践，去决定。要允许学生自由选择学习伙伴，学生自己找的伙伴，大家志趣相投，关系密切，能互相容忍，可以促进学生自发、自主地学习。

无论何种教学方法都要以提高教学质量，增强学生体质，更好地促进学生的身心健康为主要发展方向。互动教学是一种更注重学生心理环境、更民主、更自由平等的教学方法，它对教师的教育理念、素质、教学水平均提出了更高、更严格的要求，不是简单的提问与回答，而是通过多种互动方式从本质上激活学生思路，讲究技术与艺术的一种教学理念。幽默的教学方式方法能活跃课堂气氛，提高学生的学习热情，收到更好的教学效果，也能更好地设计和实施互动。

二、合作学习模式在高校体育舞蹈教学中的运用

高校教育越来越注重学生综合素质的发展，提高学生身体素质成为很多高校重点改革的目标。高校体育课程作为提高学生身体素质的重要途径之一，必须引起重视。很多学生对体育的现有课程不感兴趣，而体育舞蹈的加入大大激发了学生学习的积极性，传统的教学模式也已经不能适应当前时代的发展，合作学习模式应运而生。

（一）合作学习模式在体育舞蹈教学中的应用

体育舞蹈也称国际标准舞，既是一项体育运动，也是一项新型的高校体育教学内容。在体育舞蹈的教学过程中应用合作学习模式具有重要意义。合作学习主要是指通过互相合作、互相帮助、共同提高等方式进行学习，比传统的教学方式更加具有趣味性，在体育舞蹈教学的应用中可以获得更深刻的学习体验。第一，体育舞蹈常常需要很多学生合作完成，这就考验了每个人动作的熟练程度和配合默契度；第二，在训练和学习中相互交流指导，共同

探讨研究，这不仅提高了学生的团队合作能力，更为今后步入社会打下了一定的基础。

合作学习模式是将学生分成若干小组，每个学生都要保证参与度，让学生认识到自己的重要性，即让学生认识到自己是团体的一分子，自己的每个表现都会影响到其他小组成员的成绩。每个学生都要意识到自己的责任，主动对团队负责，对于教师教授的每一个体育舞蹈动作都要抱着谨慎的态度认真学习，每个动作都保证按质按量完成。每一位成员认真履行自己的学习任务，还要共同学习必要的理论知识，通过合作交流、互相探讨来提高自己的学习质量。在合作学习的过程中，学生必须树立合作意识，在一个团体中，每个学生都要互帮互助，在学习中遇到困难时也可以向小组其他成员请求帮助。小组成员之间要相互指点，互提意见，共同进步，每个成员都要秉持"三人行必有我师"的态度，善于向他人学习，找到正确的学习方法，达到体育舞蹈的美和协调等要求。通过合作式学习，每个小组成员之间可以取长补短，快速找到自己在学习过程中的问题所在，并且让问题得到及时纠正，为今后更深入地学习体育舞蹈做准备。

（二）合作学习模式在体育舞蹈教学过程中遇到的问题

1.学生缺少合作意识

学生步入大学校园后追求个性发展，缺少合作学习的意识与积极性，将学生分配到各自的小组后，真正参与小组活动的学生很少，绝大多数学生在完成教师布置的学习任务时倾向于自主学习，除非需要完成小组合作的舞蹈动作时才会选择合作，并且在整个学习的过程中交流互动很少，在体育舞蹈的学习过程中小组存在的意义不大，自然教学成果也就不甚理想。例如，在华尔兹舞蹈学习的过程中，需要两个人一组，每组一男一女，男女舞步不同，华尔兹的学习需要男女配合完成，男女生之间要通过交流合作提高默契，除了掌握必要的理论知识，还要找到正确的学习方法，正确掌握每个舞蹈动作的要领。可是现实的情况是，学生往往局限于两个人之间的交流探讨，很少进行全组讨论，这大大影响了学生的学习效果。

2. 合作教学模式本身存在的不足

教师将学生分组后往往要求小组合作共同完成学习任务，分组没有依据，常以容易执行为原则，最多只是依据平时对学生学习程度的大致了解，尽量做到将不同程度的、可以相互学习借鉴或者关系较好的几个学生分配到一组，但是在现实的操作过程中，男女两两一组都很难做到，因为不同院系专业的男女比例不同。在教学实践中，工科、理科类专业女生紧缺，语言类专业中女生多但男生又很少，这就给教学实践中男女分组带来了很大的难度，很容易产生男生补全女生的位置或者女生补全男生位置的情况。

（三）改进合作学习模式实际应用的措施

1. 形成合理的合作模式

小组的构建要合理。一般的课堂分组人数要适当，不宜过多或过少，4人到6人较为合适，合理的人数设置可以使每个成员都有表现的机会，意见分歧也不会过多。体育舞蹈的分组一般是两人一组，这样就保障了排练能够有效进行而不用顾虑太多人的空闲时间。另外，分组的方式也要合理。教师在分组时，应把学生的个人意愿作为最重要的考虑条件之一，其他条件作为调整的考虑因素，教师教学和验收成果时最好以小组为单位，而且最好保证不同小组间有着相似的水平，这样有利于组内学习和组外的相互借鉴。最后，合作模式的构建必须注意它的可实现性。在教学过程中，教授要认真耐心，给学生留下的练习时间也要足够，制定详细的评价标准和最终目标，并且保证定期指导和抽查。

2. 改变学生的观念意识

通过宣传教育从意识上改变学生对传统观念的认知，提高课堂效率，注重方法的传授。体育舞蹈相对于普通体育项目难度较大，首先要求学生掌握必要的理论知识，其次要求学生有良好的身体协调能力。仅靠课堂的时长，学生不能够完美掌握体育舞蹈的技巧，所以小组的配合学习很重要。首先，需要让学生认识到小组合作学习的重要性，并积极参与小组学习，引导学生看到小组合作的优越性。其次，如何合作学习需要教师的指导，学生之间相互熟络需要一定的时间，不敢交流不会交流容易影响学习质量。教师要作为媒介让学生尽快互相认识，分组后能够讨论合作，引导学生认识到小组成员之间也并非竞争关系，而是相互学习借鉴的伙伴关系。

体育舞蹈具有美感和趣味性，在提高学生的身体素质的同时也使学生获得身心的愉悦，更能舒缓大学生的情绪，适当减轻学生压力。在运用合作学习这一教学模式的同时，也要配合传统教学模式，注重基本功教学。在体育教学方面形成一套完善的合作学习模式，对其他学科来说也具有借鉴价值。

三、分层施教模式在高校体育教学中的运用

为了更好地贯彻素质教育的发展要求，保障每个学生综合全面的发展，

在高校的体育教学中有必要采用分层教学法，因材施教，提升学生的身体素质，发挥学生的主体作用。以下阐述了分层施教模式的概念，并在此基础上对分层施教模式在高校体育教学中的运用进行了研究。

（一）分层教学的概念

学生的智力水平、理解水平、接受程度、心理素质等存在差异，采用"一刀切"的教学模式，素质水平高的学生得不到更好的提高和发展，素质水平较低的学生也不能有效地掌握所学的知识。分层教学法是针对学生的差异水平，对学生进行分组，教师根据每组学生的具体情况，有针对性地实施教学，从而达到不同层次教学目标的一种教学方法。

分层教学法分为四个环节。

第一，学生编组。学生编组是实施分层教学的基础，根据学生的基础水平、接受程度、心理素质等，将学生进行编组，一组是按教学大纲的基础内容进行教学，一组是按略高于教学大纲的基本要求进行教学，一组是按较高的要求进行教学。当然，分组要根据学生的学习程度、理解程度等进行调整与变化。

第二，分层备课。分层备课是实施分层教学的前提。教师要对教材的大纲与内容进行深入的学习与研究，并归纳哪些是需要掌握的基本内容，哪些是略高于大纲基本要求的内容，哪些是较高的学习要求和内容，从而更有针对性地进行教学。教师要根据学生层次的划分把握好授课的起点，处理好知识的衔接过程，减少教学的坡度，让所有学生都能学习、都会学习。

第三，分层授课。分层授课是实施分层教学的中心环节。教师要以学生为主体，根据学生层次的划分把握好教学内容，保证分层教学目标的实现。

第四，分类指导。分类指导是实施分层教学的关键。教师在教学过程中要因材施教，根据每个层次学生不同的素质水平采取不同的指导方法，促进学生进步，使学生由低层次向高层次转化，从而达到整体优化的目标。

（二）分层施教模式应用于高校体育教学中的意义

1. 有利于学生个人素质的发展

高校体育教学中，教师采用的是传统的"一言堂"的教学模式，所有学生的教学目标相同，素质较高的学生可以轻松地完成教学内容，剩余时间或休息，或自己进行更高要求的训练，由于没有教师科学合理的指导，学生提高较慢；而素质较低的学生，接受过程较慢，训练起来也较为困难，在短时间内也很难完成教学目标。分层施教，是根据学生的层次不同，采取不同的教学目标与教学任务，有针对性地对学生进行指导，素质较高的学生得到更大的提升，素质较低的学生也能够完成教学内容与要求，实现学生的个体差异化发展，促进学生身体素质的提升，推进高校体育教学的改革与进步。

2. 有利于提升教师的专业素质水平

在传统的体育教学模式中，每节课教师采用的都是一种教学方法、一样的教学目标，教师的专业素质水平也得不到提升。分层施教模式要求教师根据学生层次水平，采取不同的教学目标、教学内容及教学方法，这就要求教师要深挖教材，并根据教学目标的不同，灵活安排不同层次的教学策略。这给教师的教学任务带来了新的挑战和压力，极大地锻炼了教师的组织调控和随机应变能力，增强了教师的专业素养，提升了教师的专业素质水平，促进了教师个人能力的提升。

3. 有利于学生积极性的调动

传统的体育教学模式单调、枯燥，不利于学生身体素质的提升，也不利于学生培养终身体育的理念。分层施教模式根据学生水平的不同进行分组教学，学生得到了有针对性的指导，较快地掌握了所学内容，增强了学生的自信心，调动了学习的积极性，使学生更主动地参与体育运动，提升了学生的身体素质，促进了学生的全面发展。

4. 充分发挥了学生的主体作用

在传统的体育教学模式中，以教师为主导，学生按照教师的要求对体育项目进行练习，师生之间、学生之间沟通较少，学生很少发挥自己的主观能动性。分层施教模式要求教师根据学生的分组情况采取不同的教学目标及教学内容，教师可与学生进行沟通，让学生参与教学内容的制定，学生也可以根据自己的实际情况，制定相应的学习目标及内容，培养独立思考的能力和探索问题的创造精神。分层施教模式可以充分发挥学生的主体作用，调动学生的学习积极性，培养学生终身体育的意识，促进学生综合素质的发展。

5. 有利于建立良好的师生关系

在传统的体育教学模式中，学生只是被动地按照教师的要求进行练习，师生之间沟通较少，学生对教师也是敬而远之。分层施教模式要求教师鼓励学生根据自身的实际情况，探索适合自己的锻炼内容与目标，学生与教师之间正面交流增多，有利于建立良好的师生关系，创造和谐的课堂氛围，从而更好地提升学生的身体素质，促进高校体育教学事业的改革与发展。

（三）分层施教模式在高校体育教学中的运用

1.充分了解学生的体育水平，进行合理分层

在实施分层教学过程中，教师要对每名学生的资料进行研究分析，了解学生的兴趣爱好、性格特征等，与学生面对面沟通，并通过体育素质摸底考核等，充分了解每个学生的身体素质水平，同时结合学生的实际情况进行科学合理的分组。教师可根据学生的个体差异，将学生分为三组，一组为体育素质水平较高的学生，一组为体育素质水平中等的学生，一组为体育素质水平较低的学生，并根据每组学生的个体差异，制定与之相适应的教学目标、教学内容等。

2.制定科学的分层目标、分层内容及分层作业

实施分层教学模式后，教师要摒弃传统的"一刀切"的教学模式，要根据每组学生的实际情况，制定科学合理的教学目标、教学内容及作业等。对体育素质水平较高的学生，要制定更高的教学目标，除了完成基本的教学内容，还可以拓展其他技能，使其得到优化，布置作业时主要以所学技术的实践应用为主。对于体育素质水平中等的学生，以更好地掌握教学内容为目标，布置作业时以熟练掌握所学技能为主。对于体育素质水平较低的学生，以掌握基本的教学内容为目标，布置作业也以掌握所学技能为主，同时要鼓励低层次的学生熟练掌握所学技能，并向高层次努力。这种差异化教学，增强了学生的自信心，提升了学生的身体素质，促进了学生综合全面的发展。

3. 实施评价分层，建立促进全面发展的综合评价目标

分层施教模式除了对教学目标及教学内容进行分层，对学生评价也应当实施分层。评价结果可根据学生的考勤情况、体育技能的提升情况、参加锻炼情况等得出。不同层次的学生教学目标及内容不同，因此对学生的评价应注重学生不同程度的进步与体育素质的提高，教师应当重点关注学生的努力，满足学生的心理需要，增强学生的自信心，在进行科学合理的评价时，以促进学生全面发展为评价目标，调动学生的积极性，培养学生的体育热情。

4. 高校实施分层教学时，应采用多样化的教学模式

采用多样化的教学模式，能够激发学生参与体育运动的动机，有利于分层施教的正常开展，有利于提升学生的身体素质，促进学生的全面发展，也有利于达到素质教育的目标。

5. 分层施教时，要及时调整分层的教育状态

高校体育教学在实施分层施教时，学生的体育素质水平得到了不同程度的提高。学生存在着个体的差异，有的学生提高较快，有的学生提高较慢，这就导致了同一组的学生出现了体育素质水平差距较大的现象。教师要勤于观察、善于发现，并对分层情况及时进行调整，以便更好地促进学生的发展，充分发挥学生的潜能，使学生得到更好的优化，从而培养学生的体育兴趣，提高学生的身体素质水平，促进学生的全面综合发展。

6. 分层施教时，要加强学生的心理疏导

分层施教是根据学生的层次水平的不同进行分组，这并不等同于传统的优良差生的区分，只是换一种方式使自己得到更好的提升与进步，形式上不

存在优劣之分。但受传统观念的影响，低层次的学生易产生自卑心理，认为自己不如别人，从而失去体育锻炼的热情。因此，教师要加强对学生的心理疏导，强调学生的进步是评价的标准，增强学生的自信心，调动学生的积极性，让学生快乐地参与体育锻炼。

分层施教是实现我国素质教育目标的重要手段。在高校体育教学中实施分层教学法有利于学生个人素质的发展、提升教师的专业素质水平、调动学生的积极性、发挥学生的主体作用、建立良好的师生关系等。因此，高校的体育教学应普及发展分层教学法，从而更好地促进学生的综合全面发展，推动我国体育教学事业的改革与进步。

四、高校体育教学中"协同教学"模式的运用

在传统的教学模式中，教师只能按照大多数学生的特点进行整体教学，对于班级中一些体质较差的学生，教师很难顾及。这样的教学方式会使学生的成绩参差不齐。通过运用新型教学模式，让学生认识到自身的不足，看到他人身上的闪光点，进而实行相互学习、取长补短的学习方式，全方面加强学生的学习效果，提高学生的学习成绩，进一步加强学生的身体素质。

（一）协同教学的含义和特点

1.协同教学的内在含义

协同教学，顾名思义是指由两个或两个以上的教师及教学辅助人员以一种专业关系，组成教学团队，彼此分工合作，共同策划和执行某一单元、某一领域或主体教学活动的一种教学形式。利用这种新型的教学方式，可以最大限度地解决体育课堂中学生体育成绩参差不齐的问题，让学生与学生、学

生与教师之间可以进行合作式学习，进而发挥协同教学在体育课堂中的重要作用。

2. 协同教学在体育教学中的运用特点

在传统的教学课堂中，很多教师都使用传统的教学方式来教育学生。这样的教学方式会导致班级中一些体能较差的学生体育成绩不理想，一定程度上降低了学生的学习兴趣。在现阶段的高校体育教学中，教师大力引进协同教学的方式来进行教学。协同教学让学生与教师之间可以进行良好的互动。同时教师在教学的过程中也要深入了解每位学生的体育状况和身体素质，进而根据学生的特点因材施教。协同教学打破了传统教学中单调的教学方法，利用教师和学生的体育特点进行合理的小组协同教学，进而充分发挥学生的团队精神。

（二）高校体育教学中协同教学模式的运用

1. 教学团队的组建

协同教学的主要方式在于教学团队的组建，在实行协同教学的过程中，团队的组建就是教学的重要部分。在现阶段的体育教学中大力引进协同教学模式，可以一定程度上改变体育课堂中存在的问题。教师在建立教学团队的过程中要将体育兴趣爱好相同的学生分配到一个团队中进行自主学习。例如，教师在组建团队的过程中可以将喜欢打篮球的男生组建成一支篮球队，根据他们的兴趣爱好和体育能力来进行合理的分组，然后将女生组建成啦啦队。这样的教学方式便可以一定程度上顾全大多数的学生。教师在分配成员的时候不能只考虑学生的兴趣，成员之间的优势和劣势互补也是教师应该看重的一点。

2. 共同制订计划并协作实施

在制订计划的过程中，不仅需要教师与学生之间的相互合作，还需要几位体育教师的共同参与。从教师到学生，每个成员都可以发表自己的观点，主要探讨的观点有：学生的需求评估、学生的目标设计和教学方法设计等，对于团队成员中的每个角色、每个任务，教师都要进行一系列的探讨，找出合适的方式设计教学内容。无论是教学内容，还是教学方式，都是由教师和学生一同创新，共同开展，在制订出计划之后，教师和学生便要进行计划的实施。

3. 持续的沟通和反馈

在教学过程中，教师与学生要根据协同教学的方式不断地实践，不断地沟通，确保每个成员都可以接受这种新型的教学方式。正在进行的教学方式一旦出现问题，教师便要对该教学方式及时做出修正，妥善处理好教师与学生之间的关系，进而做出正确的教学决策。在进行协同教学时，学生和教师都要对教学效果进行及时反馈，以免在教学过程中出现一些教学问题，导致学生不能更好地进行体育锻炼。

综上所述，随着教学方式的不断改革，传统的体育教学方式已经无法满足当代高校学生的学习需要。因此，在现阶段的高校体育教学中，教师要把握好教学的方法，在体育课堂中大力引进新型的教学方式——协同教学。对高校学生来说，为了日后可以找到一个满意的工作，大多时候将学习重点放在专业知识的学习上。这在一定程度上降低了学生的身体素质，学生一味地在课堂中进行学习，没有进行体育运动，时间长了学生的身体素质就会慢慢降低。因此，教师在教学的过程中一定要转变学生的这种理念，让学生可以走出教室、走进操场，进行一系列的体育运动，教师也要找到正确的教学方式，进而为社会培养更多的高素质人才。

五、"互联网+"视域下混合学习模式在高校体育教学中的运用

调查显示，现阶段混合学习模式尽管在高校体育教学中逐步实施，但在实践过程中，还有诸多问题存在，需要教师在今后的工作实践中，不断探索混合式学习模式的运用方法。教师应将混合学习模式与体育教学内容相结合，合理分析和研究学生自身的特点和学习水平，开展有针对性的教学。通过现代化教学技术的积极运用，进一步提高学生的体育水平，对学生未来的发展，发挥积极的推动作用。

（一）高校体育教学中的"互联网+"影响

1.从封闭走向开放：对体育教学生态的冲击

传统的教学活动是在学校这个封闭的空间开展的。而"互联网+"打破了传统教育模式，并由此催生了可汗学院、慕课等新兴的网络课程，为广大师生提供了更加优质的教育服务。"互联网+"视域下的教育是一种开放式教学，既融合现实与虚拟，也融合线上与线下。因为改变了教育形态，因而改变了教学生态。体育教学在互联网支持下，打破了"在场有效性"的壁垒。学生通过网络，能对体育经验进行分享，对体育技能进行学习，体育教学活动实现了"课内外一体化"。而不断变化的教学环境，又对教学生态系统中

的其他要素产生了不同程度的影响，由此使学生具有更加多元化的获取知识的渠道，同时也有着更加丰富的学习内容，师生的交流方式从面对面变为面对面和线上交互并存。

2. 从单一走向多元：对体育学习方式的冲击

传统模式下，课堂为主要的学习地点，学生模仿教师的过程，也是体育教学的过程。而"互联网＋"突破了这种限制，因为拥有便捷和丰富的网络资源，学生获取知识的渠道，不再是教师传授。学生的体育学习可以不受时空的限制，既可以在课堂上，还可以在网络上，可以随时随地展开学习。由此使学生的学习行为、学习方式发生变化。随着迅猛发展的泛在计算技术和移动计算技术，还有一批新型的创新学习方式衍生出来。尤其是全面覆盖的无线网络和广泛普及的以智能手机为代表的移动终端设备，能帮助大学生快速获取知识。

3. 从灌输走向互动：对体育教学方式的冲击

在传统的体育教学中，教师拥有绝对的权威，是知识的主要传递者，而学生作为客体，只能被动地接受知识。互联网时代的到来，开始向公众开放海量的信息资源。教师不再是知识的唯一拥有者，互联网将教师的知识垄断打破。"教"不再是"学"的唯一渠道，学生由知识的被动接受者向主动建构者转变。教学重心由"重教"向"重学"转变，并且由教师灌输向师生互动转变，并由此建构了一种新的教学模式。

（二）"互联网 +"背景下高校体育教学应用混合学习模式的意义

1. 增强学生体质，促进学生个性化发展

混合学习模式是指通过融合网络与实际教学，向学生灌输正确的运动观念，在增强学生身体素质的同时，还能使学生具备良好的道德素质和心理素质，最终提升自身的综合素质。学生可与自身的兴趣及爱好相结合，通过应用混合式教学模式，对体育知识有选择地学习，促进学生个性化发展。

2. 推动体育教学的深入开展

混合学习模式主要是有机地融合线上教学模式与线下教学模式。新形势下，高校的教育目标是立德树人。为此实施混合学习模式，通过结合线上与线下、理论与实践、学生的自主学习和课堂教学，对体育教学机制不断完善，由此对深入开展体育教学发挥积极的推动作用。

（三）"互联网 +"背景下高校体育教学应用混合学习模式存在的问题

1. 重视程度不够

尽管目前大部分高校都对混合学习模式进行了运用，但却没有得到管理人员的高度重视。在资源、人力和物力方面，不愿投入太多，导致混合式教学模式物质基础匮乏。

2. 缺乏健全的应用机制

为了更好地运用混合学习模式，必须对现有的应用机制进行改善。现阶段一些高校混合学习模式的机制尚未建立起来，应用效果较差。究其原因，

一些教师并没有掌握混合教学的运用方法，不能有效落实混合教学模式，使之更多停留在书面上。

3.缺乏完善的融合体系

为了提高高校体育教学质量，必须将线上与线下教育的协同作用充分发挥出来。纵观现阶段高校的教育现状，教师在教学过程中，未能紧密联系线上与线下教学。在实施线上教学时，没有充分运用多媒体设备，同时也未能详细讲解部分重点问题，白白浪费了学校投入的资源。另外，尽管有些教师在运用网络教学，但却未能进行及时的评价和正确的指导，没有及时收集学生的反馈信息，使教育部门不能及时完善教学体系。

（四）"互联网+"背景下高校体育教学有效应用混合学习模式的策略

1.创新混合学习理念

行动的先导，就是理念。新形势下，人们越来越重视"互联网+教育"模式，高校体育教学因此步入了新的发展阶段，而如何创新和改革混合教学模式，是目前亟待解决的重要课题。首先高校在开展体育教学的过程中，需要在教学体系中纳入混合教学模式。因为混合学习模式的系统性极强，所以在具体的实施过程中，需要不断创新混合学习理念，将其作为重要的战备性举措，助推高校体育教学改革的发展。为此，学校要加大投入力度，完善相关硬件和软件设施建设。同时，为了更好地应用和推广混合教学模式，要积极引导教师加强研究和学习，通过混合教学模式的运用，促进学生的全面发展。同时，高校体育教学中还应打造一支高素质的教学队伍，能对混合学习平台熟练掌握和运用，在体育教学中，帮助学生运用移动终端设备，对相关知识进行学习。

2. 打造混合学习平台

对"互联网＋"平台的有效运用，是开展混合教学模式的前提和基础，由此才能使混合教学取得良好的成效。首先，在具体的应用过程中，高校可对相应的线上学习平台进行构建，使之更加系统和完善。其次，还要高度重视混合学习平台的创新性建设，深入调查和分析学生的学习需求，结合混合学习模式，不断创新教学方法。作为一种新兴的教学模式，在教学过程中，运用混合教学，围绕教学内容，在短时间内通过信息化技术手段的运用，组织和开展一系列教学活动。教师还可利用信息化这个载体，围绕教学中的某个知识点或某个环节，创建情境化的教学模式，最终促进教学目标的实现。同时，教师在教学过程中，还可运用慕课的教学方式，为学生的学习提供便利，以不断提高学生的体育水平。

3. 完善混合学习体系

首先，确保混合学习取得良好成效的重要保障，就是对混合学习体系的健全和完善。高校在实施体育教学混合学习模式的过程中，需要对混合学习体系建设高度重视，使之向着持续化和规范化的轨道发展。因此，需要将线上与线下的关系处理好，高度融合互联网与传统的课堂教学。对线上学习而言，需要对理论教学高度重视，将混合学习的多元化支撑功能充分发挥出来。其次，高校要加大力度，切实研究混合学习模式，并且构建相应的教学制度，有效延伸和拓展已经取得良好成效的混合式教学模式。最后，教师在运用混合学习模式的过程中，也要不断创新自身的教学体系。例如，通过有效融合混合学习模式与微课教学、多媒体教学，形成更具有针对性的教学体系。又如，教师可以通过录制微课视频，汇集一些重点和难点问题，让学生通过线上方式自主学习，能使学习成效达到最佳。

近年来，混合式教学模式的运用越来越广泛，但同时也暴露出很多问题。为此，需要高校持之以恒地探索和实践，营造良好的环境，为混合式教学的实施提供保障。同时，教师还应不断加强自身的学习，对教学战略深入研究，转变传统的教育理念，提升对混合式教学模式的重视程度，不断完善和创新混合式教学模式，实现与现代化高校体育教学的无缝对接，由此，对"互联网＋教育"高校体育教育事业的发展，奠定牢固的基础。

六、多元化教学模式在高校体育篮球教学中的运用

篮球作为大众所热爱的基础性体育运动之一，能够通过篮球运动对人的身体素质进行锻炼，使人的心理更加健康。在素质教育背景下，高校不仅关注学生的学习状况，对学生的身体素质和心理素质以及其他各方面的能力也越发重视起来。这就需要高校体育教师根据学生的情况来展开教学，使学生的篮球技巧得到提高，能够更好地"玩转"篮球这项运动，提高学生的身体素质。

（一）高校体育篮球教学中现存的问题分析

1.教学形式单一，学生兴趣不足

在传统的篮球教学活动中，教师的教学重点普遍偏重于篮球运动的技巧方面，一般是通过让学生重复性地模仿练习来掌握篮球运动的技巧，同时教

师在一旁对学生运球动作中出现的错误进行纠正，学生在课堂上需要花费很长的时间对这些技巧动作进行重复性的学习和锻炼，时间一长学生没有了学习兴趣。

2. 需求难以匹配，学生被动接受

多元化的篮球教学模式能够有效地减轻学生学习篮球的压力，而且篮球运动具有很强的娱乐性，也是一种竞技性体育，能够在锻炼学生身体的同时释放压力，帮助学生提高自身的身体素质。但是，就我国目前的篮球教育来说，很多高校的教学方式还是比较的单一，与院校学生的实际学习能力和学习需求并不相匹配，体育教师在篮球教学过程中并没有将教学活动的目标落到实处，这就导致学生的需求与教师的教学指导难以对接，学生在篮球技巧学习的过程中通常处于比较被动的状态，这对学生养成终身体育的意识是不利的，也不利于篮球教学取得好的教学效果。

3. 评价体系匮乏，考评不够客观

科学合理的教学评价体系能够促进学生的全面发展，但是，现在大部分的高校篮球教学评价体系还是比较的片面，只在期中或者期末对学生的学习状况进行考评，然后依据学生的篮球成绩对学生的表现进行综合判断。这与现代素质教学理念提倡的客观公正相违背。教师要重点关注学生的综合素质、专业能力以及教学评价体系不健全的地方，否则会对高校篮球教学考评的真实性和全面性造成不利的影响，也不利于学生综合素质和篮球技能水平的提高。

4.水平参差不齐，体能是共性问题

目前，我国最高水平的高校篮球联赛是中国大学生篮球联赛（Chinese University Basketball Association，CUBA），CUBA 自 1996 年创办至今，发展速度十分快，话题度和热度也日渐升高，尤其是优酷推出网络综艺节目《这就是灌篮》后，众多 CUBA 球星组队参加，取得了不俗的成绩，使这个联赛的受关注程度不亚于我国的男子篮球职业联赛。但是在一些 CUBA 篮球比赛上，均不同程度暴露出我国高校男篮队员体能水平不足的问题，这极大制约了我国篮球运动的发展。经研究发现，高校内举办的院级篮球赛、各专业之间的篮球赛及班级篮球赛，普遍存在体能不好的情况，如容易体力不支、产生肌肉痉挛、对抗后动作易变形等情况。因此，加强我国高校男子篮球代表队运动员、高校公共体育篮球课的体能训练，对提高我国篮球整体运动水平具有极其重要的作用。

（二）多元化教学模式在高校体育篮球教学中的运用方式

1.树立正确的教学理念，发挥信息技术的优势

结合国家对大学生提出的体质健康标准，高校公共体育课中必须加强体能训练。高校体育教学的原则是坚持"健康第一"和"终身体育"的思想，高校体育课的目的在于增大学生的锻炼量，使学生的身体素质得到提高，同时适度的体育锻炼也能帮助学生释放压力，让学生能够心情愉悦，心理素质得到有效增强，因此在篮球教学过程中需要教师树立正确的教学观念，让学生在学习好篮球技巧的同时感受到篮球运动所释放出的魅力。虽然篮球教学基本上都在户外或者室内篮球场上进行，但是，在教学过程中应用多媒体技

术可以帮助学生营造良好的学习氛围。比如,在对三步上篮这项篮球技巧进行学习时,就可以运用多媒体设备先对三步上篮的动作技巧、弹跳技巧理论进行讲解,让学生反复观看 NBA 等篮球赛事的上篮技巧,让学生在观看比赛的过程中对三步上篮这项技能进行掌握。

2. 尊重学生的个体差异,渗透团队合作的意识

在教学过程中,教师要尊重学生之间的差异,根据学生能力水平的不同因材施教,要注意和学生之间的互动交流,将每个学生学习篮球的潜力充分地挖掘出来。篮球是一项团体性运动,需要 5 名队员之间相互配合,要求团队之间具有很强的团队意识。因此,教师可以将 5 个学生分为一组,通过小组之间互相切磋来培养学生的团队意识,进而有效提升教学效果。

3. 体育教育需求提高,课堂内容加速更迭

"课改"之后,体育课堂原本传统的"基本知识、基本技术、基本技能"的授课内容已经被摒弃,现在的体育课主要发展学生的认知、心理情感和行为表现。不论今后的课程会有怎么样的改革趋势,高校的体育课都将受到体育事业其他方面越来越多的影响。随着我国经济实力、教育水平和综合国力的提升,与之前专业的运动技能和训练方法只能被专业运动员掌握不同,现在的高校体育课也在探索体能训练以及相关概念,普通的全日制本科生对个人体能训练的需求也能够得到满足,因此高校体育教师更应该加速课堂内容的更迭。

4. 构建多元化评价体系，促进学生的全面发展

传统考评体系的考评结果比较片面，因此需要构建多元化的考评体系对学生的素质进行综合性评定，建立教评与学生自评相结合的考评体系，使学生能够对自身存在的不足之处进行了解，帮助学生指明篮球学习的方向，提高学生的篮球素养。

综上所述，篮球作为全民热爱的体育项目之一，为篮球教学的展开奠定了良好的基础，为了能够在篮球教学过程中取得良好的教学效果，需要不断地对篮球教学的方式进行创新。同时，教师在教学过程中应当树立正确的体育教学观念，要注意学生的身体素质，要努力激发学生对篮球这项运动的兴趣，从而使高校篮球教学效果得到切实的提升，使学生的身体素质和心理素质得到有效的提升。

七、高校体育教学中俱乐部模式的引入和运用

大学生身体素质不高已经成为当下高校体育教学的最大障碍，甚至一些高强度的项目有的学生无法参加，这个现象也引起了社会的广泛关注，因此，高校体育改革的指导思想即为"健康第一"。在这个指导思想下，教师需要鼓励、引导学生积极自主参加运动，增强体质。培养学生自主运动的习惯不是一朝一夕之功，根据这个目的，俱乐部模式的教学方式有其独特的探索意义。

（一）目前高校引入俱乐部教学模式的实施情况

1.高校体育俱乐部教学模式简介

高校体育俱乐部教学模式即模拟俱乐部的形式，让学生按自己的意愿选择参加相关的体育运动项目。我国现阶段的体育俱乐部教学模式主要有两种形式，分别是课内教学和课外教学。其中，课内教学是指在正常教育教学时间内，由教学者组织进行的锻炼。即将这种模式运用到课堂教学中去。课外教学是指学生在课余时间，根据自己的意愿，或自主组织，或在学校以及相关学生社团的组织下进行自主锻炼。课内教学的最终目的是让学生对体育锻炼产生兴趣，从而积极自主地进行课外锻炼，同时为课外锻炼打下良好的基础。现阶段的体育教学俱乐部模式已经取得了较为良好的教学成效，值得进行推广。

2.体育俱乐部教学模式的积极作用

不同于传统的体育教学模式，体育俱乐部教学模式是从学生自己的兴趣以及意愿出发的。众所周知，高校的教学有更大的自主性，学生的学习也有更大的灵活性，传统教学模式的灵活性较差，学生往往在课堂上很难对运动产生兴趣，而体育俱乐部教学模式可以将相同兴趣的学生放在同一个班集体内，让在该项目中专业性较强的教师对他们进行统一指导。这样，相同爱好的学生之间很容易产生共同话题，班级内部运动氛围会更加浓厚，从而提高学生的身体素质，让学生充分发挥其主观能动性。每个学生都有擅长的项目和不擅长的项目，这种教学模式在某个层面上来说也是因材施教，将学生加以分类，进行专项教学。除此之外，学校的硬件器材也难以满足每一位学生的需要，体育俱乐部教学模式可以在一定程度上减少学生使用器材的冲突，也方便器材管理者进行管理。

3. 俱乐部教学模式在实施过程中遇到的困难

俱乐部教学模式作为一种新的教育教学模式，其在起步阶段肯定会遇到各种问题，首要的问题就是师资力量。俱乐部教学模式需要教师具有较高的专业素养以及专项运动项目的素质，而调查显示，多数高校的体育教师整体年龄偏大，学历偏低，相关理论知识还较为薄弱，擅长的专项项目大多集中于几个传统项目，如田径、健美操、足球、篮球等，专修羽毛球、排球、网球、定向运动的教师相对来说数量较少，且这些教师还会因为硬件器材跟不上而难以开展正常的教学活动。其次，是学生思想观念以及接受教育模式上的阻碍。在多年的应试教育下，大多数高校学生仍然保留着学习是为了考试的观念，在这种观念的影响下，要让学生迈开腿、走出去进行锻炼是较为困难的，在没有考试的压力下，多数学生基本不会主动参加某种体育运动的学习或者锻炼，而俱乐部教学模式要想顺利开展，在很大程度上还要依赖学生的自觉性。因此，在大一、大二两个年级的教学中，教师一定要注重对学生运动兴趣的培养，让学生养成良好的自主锻炼习惯，这样才能保证俱乐部教学模式的正常开展。

（二）将俱乐部教学模式应用于教学的措施

1. 从根本上改变体育教学的观念

高校的实力不仅仅体现在其科研能力的高低上，还应该体现在其对于人才的教育和培养上，而培养人才，除了要注重智力培养，还要注重身体素质的培养。因此，高校必须重视体育教学，在体育设施以及器材上要加大采购与维护投入。除此之外，高校也可以让学生直接参与俱乐部的运营，甚至让学生进行自主运营，实现资金的多渠道来源。在教育教学上，不仅要开设传统的羽毛球、排球、篮球、乒乓球等项目，还要与时俱进，开设一些比较受学生欢迎的新型项目，如瑜伽、攀岩、射击等。这样才能充分激发学生的运动兴趣，从而提高其锻炼的积极性，使学生在新的尝试中发现自身更多的潜力。只有这样，俱乐部教学模式才能在最大限度上发挥其功效，让学生真正得到身体素质上的提高。

2. 使教学模式多元化

教学模式的单一性会导致学生学习兴趣不高，教学成效低下等问题。在俱乐部教学模式下，可以进行"一体化，分层次"教学。"一体化"是指体育教育与其他教学一体化，避免学生的运动时间被其他专业课挤占，而"分层次"是指对不同水平、不同兴趣爱好的学生进行分类教学，将水平相近、爱好相同的学生分到同一个班级，从而方便教师进行分层教学，发挥学生的特长。在教学之余，教师要善于发掘学生的优势，对某方面比较突出的学生进行训练，培养体育人才，为高教体育教育作出贡献。多元化的教学模式还可以增强体育教学的新颖性以及娱乐性，让学生养成健康的生活方式，从而提高学生进行终身体育的可能性。

3. 完善考核评价体系

现今的体育教学考核大多采取定量考核的方式，对学生的个体差异性考虑不周。在素质教育理念中，学生的成绩不能仅仅依靠分数决定，还要多方位、全面地对学生进行综合素质的考核，如对学生运动的积极性、运动技能的提高速度等进行考核，帮助学生发现自己的潜在优势，因此，建立科学合理的考核评价体系就显得尤为重要，同时，合理的评价体系也能在一定程度上帮助学生树立运动的信心，提高学生运动的热情与积极性。

4. 对俱乐部的运作经营体系进行完善

俱乐部的开展，最终目标仍然是提高高校体育教学成效，对这一点一定要充分认识，不能舍本求末。俱乐部在运营过程中，应当选拔专业素质过硬、交际能力较强的教师担任管理骨干，让每个俱乐部都有相关的责任人，分层次逐级管理，实现资源和人才的有效合理配置，合理规划学生的运动时间，对学校的硬件器材进行维护和管理，引导学生选择适合自己的运动项目，避免因学生的自主选择而出现某个项目选择人数过多的现象。在一阶段的俱乐部活动结束后，要组织学生进行反馈总结，并且为俱乐部更好的发展提出意见，方便教师不断完善俱乐部的经营体系，从而达到提高学生运动兴趣和身体素质的目的。

在现阶段，我国的俱乐部教学模式仍不够成熟，其实施过程也遇到了许多阻力，但这个模式的提出仍为高校体育教学解决了一些固有弊端，许多高校体育教师已经意识到当下教育模式的不足，并且开始积极改进。将俱乐部教学模式真正大规模引入高校体育教学还需要社会、学校与教师的共同努力。作为高校体育教学工作者，我们要不断提高自身专业素养，加强理论知识建设，大力推广俱乐部教学模式。

第五章　体育课程改革思路

21世纪的高等教育正在向国民教育、终身教育、教育民主化和教育现代化等方向发展。随着高等教育的发展变化，大学体育课程也同步发生了深远的变化。大学体育课程的变化动因来自新世纪的社会变革，来自社会发展的需求，由于这种需求是在发展过程中自然萌发的，因此，其发展趋势也是无法阻挡的。

第一节　大学体育课程的发展思路

大学体育课程的发展依赖于社会及社会中的人对体育的需求，这种需求规模的扩大，导致体育课程发展规模的扩大，需求的变化则导致体育课程发展内容的变化，抓住了需求，就是抓住了体育课程发展的脉络。

一、价值需求导致体育课程生活化

随着社会的发展和人们生活水平的提高，不同的生活观和生活方式对人们的生活目标追求产生了巨大的冲击，影响和引导着人们的工作、学习和生活的态度和行为，使得人们更加关注生活、关爱生命、关爱自我。

体育有着完善人们生活内容、提高人们生活质量和形成健康生活方式的作用，与人们的社会生活休戚相关，因此，大学体育生活化已成为大学生的发展需求，进而成为大学体育课程改革的主流价值取向。

1942 年，我国著名教育家陶行知在《时事新报》副刊《学灯》上发表的《生活教育》一文中就提出了"用生活来教育，为生活而教育"的现代教育思想，这个思想应该成为当今大学体育课程改革的发展导向。

体育的社会价值只有在教育生活化的过程中才能得到充分体现，体育的价值取向主要体现在以下四个方面：

（1）强调体育具有为社会服务的价值——身体发展和人格形成的教育观。

（2）重视体育业绩的价值——胜利主义（锦标主义）体育教育观。

（3）重视体育的社会价值——社会关系和社会联络的体育教育观。

（4）重视体育的满足、享受价值——游戏的体育教育观。

每个大学生的具体价值取向虽不相同，但有一点是相同的，那就是体育越是贴近生活，体育的价值就越能得到实现。由此可见，体育生活化的价值取向反映了时代的需求，它可以容纳大学生体育价值取向的多元结构，成为21 世纪大学生的主导倾向。

体育要实现其"终身体育"的教育目标，其教育理论、手段、方式等都必须具有有效性，必须满足学生的需要。针对教育的有效性，陶行知在《湘湖教学讨论会议》一文中指出："最好的教育，要想它有效，须是教学做合一。"由此可见，要实现终身体育的教育目标就要力求使教育、学习与实践密切地结合起来，在做中学，在学中做，而教育课程的生活化正是实现这一目标的重要途径。由此可见，教育生活化是终身体育的理念得以实现的必然途径，体育课程的发展趋势也必然如此。

现代社会的高速发展使人类的个体价值取向越来越多元化，大学生在进行体育运动的过程中，除了和高中阶段相同地形成稳定爱好和专长的价值取向外，还出现了职业体育、生态体育、时尚体育、生存训练等众多的价值取向，而这些价值取向的实现，也同样可以通过体育课程生活化得到实现。

二、拓展需求使课程概念延伸化

随着时代的发展，大学生的体育需求也在进一步地拓展。在时间上，大学生不再满足于固定的每周 2 课时的体育课，他们希望自主选择时间，有针对性地进行体育运动；在空间上，大学生也不再满足于在田径场、篮球场上运动，跑步离开跑道，跳跃离开沙坑，打球离开球场是体育课程拓展的时代特征。走向社会、走向生态、融入自然将是大学生开展体育活动的重要选择。在体育课的组织形式上，大学生已经不再满足于夸美纽斯倡导的那种正规课程：由固定大纲教材、固定学生组成的教学班，固定教师、固定时间开设的正规课程，这种组织方式已经无法满足大学生的体育需求。为了满足大学生在体育上的拓展需求，体育课程必须在时间上、空间上、组织形式上重新组合，重新开发，而这种重新组合与开发的必然结果是体育课程概念得到了延伸。

在体育狭义课程开发的基础上，我们引进并开发了广义课程的概念，广义课程除了包括原来的正规课程，还包括校内活动课程、校内外比赛与训练、课余体育俱乐部活动、体育节与校园文化、社会活动课程、社会文化体育服务及社会文化体育市场、个人体验等课程。

在显性课程的基础上，我们还必须开发体育的隐性课程，在现实课程开发的基础上，设计符合新时代学生需求的新型课程，这就是对潜在课程的设计与开发。课程的开发使体育课程的概念不断延伸，深圳大学的体育教学俱乐部、北京大学的完全开放式体育课等课程开发思路，均是在冲破传统体育课程概念的前提下实现的。

三、个性需求导致运动技术的多样化

一谈到运动技术，人们总是把目光定位于有国际比赛规则制约的正规的运动项目上。运动技术离不开那些正规的运动项目，这已成为体育专家学者、竞技比赛的运动员，乃至普通大学生约定俗成的观念。但是，时代在发展，大学生运动项目和运动技术正在进行不断地分化与重组。

运动项目和运动技术的分化与重组导致了运动技术多样化的格局，这种多样化体现在何处呢？第一，对在社会生活中存在的文化体育形态进行重组和改造，创造了新型的体育项目。有些原本是一种艺术表演或表现，我们把它改造成了体育项目，如街舞；有些原本是社会娱乐场所中的一种游戏，我们把它引进为体育项目，如保龄球。第二，对正规的运动项目进行游戏化改造，使它成为适应大学生需求的运动项目，如娱乐化、游戏化的篮球、排球、足球和田径运动等。第三，从人类为适应生存需要在自然生态环境中开展生存训练中，提取了适合大学生开展的项目，如攀岩、定向运动、翻越障碍墙、过断桥等。上述新兴的运动项目和传统的正规项目一起形成了运动技术多样化的新格局。运动技术多样化以大学生个体需求的多元化存在为前提，这种多元化是满足学生个性发展的必要条件，也为学生的个性化发展提供了可能。

以北京大学为例，该校为了满足学生的个性化需求，开设的体育课程有四十余种，成立的体育协会达二十多个。可见，个性需求要求多样化的技术来满足，多样化技术的传授需要学校开发出各种不同项目的课程供学生选择，课程模式和类型的多元化也必然成为发展的趋势。

四、分层需求导致了课程的小型化、课题化

根据马斯洛的理论，人们的动机是由其内在需要驱动的，我们可以把这个理论简化一下，即"需要—动机—行为"，由此可见，人们的行为和动机根据其心理需要的变化而有所不同。马斯洛还认为，人在自我实现的创造性过程中，会产生出一种"高峰体验"的情感，这是一个最激荡人心的时刻，是人存在的最高、最完美、最和谐的状态，满足这种状态需求的体育课程将是最佳的选择。

怎样才能在体育课程中成就一个"自我实现的创造性"过程呢？又怎样才能在体育课程中出现一个学生情感体验的"高峰"过程呢？这是大学体育课程区别于基础教育的体育课程最重要的一个特征。满足上述过程有两个基本条件，其一是满足需要的针对性，其二是情感体验的期限性。

大学生的体育需求是不同的，有人为了娱乐，有人为了取胜，有人为了交流，有人为了调节紧张的学习生活。大学生的不同需求更明显地反映在体育需求的层次上。同样是学篮球，有的人是学会了一种娱乐健身的方法；有的人是学习掌握先进的技术以参加比赛；有的人是为当裁判，以利于参与社会生活；有的人把它作为一种体育文化，以提高其鉴赏能力，这就反映了逐级提高的需求层次，为了实现这种不同的需求层次，高校可以开设不同的课

程。开设上述课程，一方面具有明显的针对性，同时授课时间又不必过长，因为大学生已经具备独立思考能力、自主学习能力、自我展示能力，通过短时期的引导，进一步的深化由学生自行解决，这是大学体育课程向小型化、课题化发展的第一个理由。

大学生的需求满足是实现情感体验达到高峰的前提，不仅如此，情感体验高峰的出现是有一定期限的，重复过多，时间过长，必会引起情感体验的回落。因此，满足学生特定需求的特定课题，以较短的期限开设小型化、课题化的体育课程具有事半功倍的作用。高校应怎样开设小型化、课题化的体育课程，除了在体育选修课中开设小型化、课题化的体育课程，还可以在体育的必修课中以单元形式开设小型化、课题化的体育课程。至于课程的内容，同样是游泳课，可以开设的课题有"实用游泳——潜水作业""实用游泳——救生""实用游泳——负重过河""竞技游泳——蛙泳"等，而学习时间一般只需几周即可。

关于小型化、课题化课程的开设，北京大学和深圳大学已经开始实施，首都经济贸易大学长城旅游学院的体育课，凡是拓展类的项目也是以同样的方案开设的，这些学校在开设小型化、课题化的课程中，已经积累了一定的经验。

五、信息需求导致体育课程的网络化

在大学体育课程改革的进程中，建立起如此复杂的课程结构，开设了如此众多的体育项目，又涉及成千上万学生参与选择学习，甚至开设了广泛的体育运动俱乐部，这将如何管理和操作呢？

面对体育课程改革出现的巨大信息流，只有采用网络化的措施才能解决问题。北京大学体育课程开设的选学项目共有四十余项，建立的俱乐部有二十多个，在这样的背景下，北京大学采用了网上公布教师名单、教师资历与专长及开设课程的项目与要求，网上选课，网上进行课程评价的管理策略，这不仅简化了管理程序，而且提高了管理效率。

由信息化带来的网络化，必将有更为广阔的发展前景。可以设想，如果可以实行大学间跨学校选科学习，如果允许大学生参与社会体育组织或社会文化体育实体，并承认其学历和给予相应的学分数，高校体育课程改革将与体育社会化进程同步，此时的网络化不再局限于校内，将扩展到社会，高校体育课程网络化的巨大功能将进一步体现。

第二节　我国大学体育课程模式构建

近年来，随着高等教育课程改革的稳步推进，高校体育课程改革也提上日程。当前，在全国范围内已经有多所高校按照《全国普通高等学校体育课程教学指导纲要》的要求，结合学校实际，制订不同的体育课程方案，对体育课程进行大胆设计和实施，并形成相对稳定的体育课程模式。值得一提的是，目前不少高校的体育课程成为最受欢迎的课程，有的成为国家级的精品课程，这种变化也更进一步地推进了高校体育课程模式的构建。

一、体育课程模式的定义和类型

一线体育教师研究的多是教学模式，很少研究课程模式。但是，最近在大学体育课程改革的实践中，我们看到了课程模式的身影。早在几年前全国不少高等院校已经形成了体育课程模式的雏形，从广度和深度上来讲，还不能称之为真正的课程模式，只能把它定位于教学模式。随着大学体育课程改革的不断深化和拓展，构建教学模式已不能适应发展的需要，开展教学改革又明显表现出力度的不足，开展课程改革、构建课程模式已成为大学体育改革的主题。

（一）课程模式的定义

我国对体育教学模式曾做过一定的研究，几乎所有的教学模式的构建都是从其他学科中引进的，是一种建立在认知心理学基础上的教学法的设计。从广度和深度上讲，课程模式与教学模式有联系但又有区别，其中最大的区别是两者的侧重点不同。不论是教学论还是课程论均包含以下问题：为什么教、教什么、怎样教、怎样评价？教学论主要解决的是怎样教的问题，偏重于教学方法和教学组织形式的优化。而课程模式着重解决教什么的问题，偏重于整体的课程设计。如果课程改革不能解决教什么这个最基本的问题，那么课程改革肯定是不彻底的。

既然课程模式着眼于整个课程设计，那么，在高校体育课程改革中，若是按照一定的教育理念，结合学校的实际情况对课程的目标加以整合，并以此为根据对课程内容、实施和评价做出整体的设计，并形成具有一定特色的总体方案，那么这种总体实施方案可以称之为课程模式。课程模式一般是针对特定对象和在特定条件下设计的一种范式。它是典型的、简约表达的、有推广价值的。

这种课程模式具有特定的课程结构与特定的课程功能，并与特定的教育条件相适应，它一方面要规定课程内容的内部结构并设定其相互关系，同时这种结构的建立又是为特定的功能服务的。这种定义正确地表明了课程模式与课程结构的关系，同时也表明了课程模式是课程的存在形式。同时它也是为解决特定问题，在一定抽象、简化、假设的条件下构建的介于理论和实践之间的，既有理论基础又有具体操作方式的一种范式。

体育课程模式是在体育实践中逐步形成的典型的、相对稳定的，同时又具有推广价值的特殊课程范式。这种范式我们称之为体育课程模式。

（二）体育课程模式的生成方式与过程

课程模式之间是不完全相同的，虽然构建的步骤基本相同，但是课程模式的生成方式却有所区别，有的课程模式是自行创建的，有的是建立在原有的基础上并有所创新的，还有的是在大的模式中又有小的模式。总结以上规律，发现课程模式的生成方式共有三种。

第一种我们称之为原生课程模式。这种课程模式是通过对特定对象进行系统分析，在归纳和演绎的前提下，创造出的原来不存在的课程模式。如深圳大学的教学俱乐部模式、首都经济贸易大学长城旅游学院的成套拓展定向组合课程模式。

第二种是派生模式。它也要对特定对象的课程进行系统分析，但它是通过借助已经建立的课程模式派生出新的模式。例如，镇江船舶学院的自主构建模式是在原来的基础上创建的。

第三种是子项模式。它是在对体育课程进行系统分析的基础上，提出一个课程的基本模式，再以这个基本模式为母体，在基本模式允许的范围内，构建出新的课程模式。

不同的课程模式生成方式表明大学体育课程模式的构建完全可以根据自身情况进行创造，也可以借鉴其他学校的经验和模式进行再创造，也可以根据有关规定，以基本模式为基础，创造出新的模式。现阶段我国大学体育课程已经呈现出一种多元化的状态。

二、构建大学体育课程模式的一般步骤

在构建体育课程模式时，每所学校都要构建符合本校实际的个性化的课程模式。从目前来说，一个课程模式完整的构建应包含五个步骤：理念更新、目标整合、学科构建、生理构建、心理构建。以这五个方面为基础构建体育课程可以完整地设计出适合本校特点的个性化的课程模式，并且这种模式具有操作意义。

（一）理念更新

近年来在高校体育课程的发展过程中，高校体育改革理念发生了巨大的变化。可以说理念的更新改变了教学指导纲要的要求，在构建课程模式的过程中使体育课程出现了多元化、多样性的特点。但是，对于一所高校来说，当要建立适合本校特点的课程模式时，此时的理念更新并不是指照搬《全国普通高等学校体育课程教学指导纲要》中提出的理念，而是以《全国普通高等学校体育课程教学指导纲要》提出的理念为依据，提出符合本校实际的具有个性化特征的新理念。

我们绝不能忽视理念更新在构建体育课程模式中的重大作用。往往对某一课程模式进行命名时，其名称反映的是符合本校特点的理念更新，既符合《全国普通高等学校体育课程教学指导纲要》的共性理念，又反映学校特点的个性理念。

（二）目标整合

作为实施体育课程标准的操作思维方式，包括了分解和整合两个方面。当我们要介绍体育课程的目标体系时，可以把目标进行分解。例如，《全国普通高等学校体育课程教学指导纲要》中就把课程目标分为了总目标和具体目标。具体目标包括基本目标和发展目标的五个领域：运动参与目标、运动技能目标、身体健康目标、心理健康目标、社会适应目标。这是认识课程目标体系的必要途径。但当我们构建体育课程模式时，就不能再采用分解的办法，也不宜采用对号入座的办法，而是要实现对课程目标的整合，把课程目标和学校的客观条件结合起来，和学生实际结合起来，根据教学经验，对目标进行选择和整合，最终使课程目标转化为有利于操作的学习目标，这也是课程实施中的重要整合。高校体育课程目标整合的具体含义就是根据教育部颁发的《全国普通高等学校体育课程教学指导纲要》，结合学校的培养方向、学生和学校的发展需求以及学校具体发展目标对体育课程目标进行重新设计，使目标更加正确，切实地反映学校体育课程的目标。

（三）学科构建

体育课程的学科构建是指体育课程的内容构建和实施以及评价，具体包括四个部分：教学内容分类、选择的原则与方法；单元构建；教学组织形式；

课程评价。

1. 教学内容分类、选择的原则与方法

（1）教学内容的分类

大学体育课程教学内容与基础教育阶段体育课程的教学内容相比有其自己的特点。它更加追求学生的个性，更加强调学生的需求，也更重视学生终身体育意识的养成，因此，内容更加广泛，更加具有选择的余地。课程内容一般包括理论知识类内容、技能类内容、情感类内容、拓展类内容。学校可根据具体情况和需求对内容进行分类，例如首都经济贸易大学长城旅游学院把教学内容分为基础、专长与拓展三大类；有些学校是根据学生需求把内容一一罗列，供学生自主选择。

理论知识类内容包括体育理论知识、保健知识、运动处方及有关项目的知识等，主要是提高学生体育文化素养，让学生学会自我锻炼的方法并能够自我评定。

技能类内容包括基础技能、专项基础技能和专项技能。

情感类内容主要是在学生运动过程中得到体现，包括体育兴趣爱好的培养、体育习惯的养成、体育意志品质的培育、体育价值取向的定位以及良好体育态度的形成。

拓展类内容是顺应终身体育观的形成而开发的新型运动项目，它包括适应日常生活的生活类体育项目，走入自然环境的生态类体育项目，处理应急事件、维护安全的生存类体育项目，适应现代生活的时尚类体育项目。

（2）教学内容选择的原则与方法

根据学校的不同需求，对体育教学内容的选择采用的方法和原则各校有所区别。例如，基础类内容可包含一般身体发展练习，以及在中学阶段已学过的各种内容。对于专长类内容可提供多种内容让学生自主选择。对于拓展类内容可以采用小型化、课题化的形式对学生进行广泛的介绍，教学时数可以少一点，不以重复单元出现。又如，采用教学俱乐部的形式或完全开放式的课程形式开设的各种专项、各种类型的课程完全由学生自主选择，教学内容的组合可以采用主项选修、副项搭配的形式，也可以采用成套选择的形式。对于专业特点明确的专科性大学还可以安排与专业密切相关的项目。

2. 单元构建

大学体育课程主要是发展学生个性，为学生提供个性化的内容，因此，单元构建侧重于对学习内容的选择。有选项必修、专项选修、提高课等，甚至有些高校出现了特色教学项目、兴趣选择项目，为了适应学生不同层次的需求，有些课程正向着小型化和课题化的方向发展。

3. 教学组织形式

我国综合性大学体育课程的教学组织形式，基本上已经改变了原来的以教学班为单位的授课制度，按照体育课的要求重新编班，并且在学校教务部门的统一调度下，对课程的总课表进行统一的调整。这种调整有两种方法，第一是把一些课时确定为学校选修课时，完全按照学生所选科目开课，这完全打破了班级和年级的界限。这种方式还可能发展为完全开放式的教学。进入 21 世纪后，北京大学、清华大学等大学的体育课采用了"三自主"的方式，即自主选择运动项目、自主选择任课教师、自主选择学习时间，这种授课方式已完全打破了固定班级授课制的框架，体现了时代的新特征。再就是几个班级安排在同一时间上课，打乱各个班级的界限重新编班。一些规模小的专科性学院，继续保留着以教学班为单位的授课制度，但是教学内容重点考虑了专业对体能与技能的需求。

4. 课程评价

体育课程的评价较以前有所变化，对学生的评价不再把重点放在技术评价上，而是关注学生对体育的态度、参与的积极性、体育知识与技能的应用以及社会适应能力上。

（四）生理构建

所谓生理构建是用生理学的知识来构建体育课程模式，一般包括两个方面：一方面，安全健康地从事体育运动，养成科学锻炼的习惯；另一方面，把运动处方引进体育课程领域，使每个学生的体育锻炼适合学生个体的生存发展条件。这在体育课程模式中已经有所阐述。学校也已经开始重视学生科学的锻炼和进行自我评价。

（五）心理构建

心理构建是指用心理学的知识进行课程构建，这在我国众多的体育课程教学模式中均有所体现，如快乐体育教学模式、成功体育教学模式、创造教学模式等。这些模式均建立在认知心理学基础上，讨论的是学生的心理发展问题。体育课程模式不仅要建立在心理构建的基础上，同时还应当考虑学生学习过程的生理构建。

三、我国高校体育课程模式构建展示

从 20 世纪 90 年代至今所进行的新型高校体育课程实验，开创了我国现代体育教育史上广大体育教育工作者通过多种形式和类型的课程改革探索体育教育发展的新时期。这一时期出现了许多建立在独立开展研究、独立完成论证设计并独立组织实施基础上的新型体育教育改革实验，这些实验彻底改变了我国高校陈旧的课程或教学模式，而实验的重要成效，体现在创建新型的课程模式上。这些课程模式经过实践探索，最终形成了有自己学校重点和特色的学校体育课程模式。这些模式的形成虽然还需要进一步完善，但目前我国高等学校体育课程改革的步伐和成效还是非常令人振奋。

（一）大学体育课程改革的动因

大学体育课程改革的动因包括以下几个方面：社会发展动因、经济发展动因、教育发展动因和体育发展动因。

社会体制的变化，使经济得到了发展，教育必然面临改革，体育也随之发生变化，这些变化是体育课程改革的重要因素。构建符合新时期的体育课程模式顺应而生。

（二）体育课程学科构建和内容构建

第一，学科构建不再局限于体育教学，而是把体育教学和学校各种活动连接在一起，更加重视学生终身体育习惯的养成和各种能力的培养以及各种体育活动竞赛的开展。上海交通大学体育社团的成立与发展、北京大学生体育协会的成立与壮大、深圳大学体育俱乐部的开展，这种发展趋势让我们不得不对大学体育教学重新理解和定位，单纯靠体育教学是无法适应我国当代高校体育课程发展趋势的。

第二，高水平运动队将在学校受到空前的重视，高校体育将成为主导我国体育发展的重要力量。将高水平运动竞赛和体育经营相结合也是体育课程发展的一种趋势，上海交通大学和西安工业学院已经在这方面做了初步尝试。

第三，大学体育教学内容已不再局限于原来的范围。例如，除了传统的体育理论知识、运动技能、保健知识，北京大学的体育教学内容还出现了营养、奥林匹克文化等多方面的内容，这不仅有利于学生的体育文化素养的提高，也对学生健康安全地从事体育活动表示关注。另外，体育教学内容不断扩展，应按照学生需求来设置课程内容。例如深圳大学开设了桥牌、围棋、台球和保龄球等课程；首都经济贸易大学长城旅游学院出现了拓展类项目，如风筝、攀岩、攀越逃生墙、过断桥等项目；北京大学利用季节特点开设滑冰等课程。生活、生态、生存、时尚类项目在体育课程中的出现，使体育的概念得到延伸。

（三）课程评价

课程评价应把育体、体育和体育教学分开，如江苏科技大学将综合评价和个性化评价相结合，把学生的运动参与、社会适应等纳入体育学习成绩。把学生体育活动中取得的成绩计入体育成绩，可以促进学生参与运动的积极性，起到激励和督促的作用。

第三节　大学体育课程实施

一、大学体育课程目标设置

（一）体育课程目标的定义

在实际应用中，"体育课程目标"一词往往被"体育教学目标"取代，并理解为体育教学过程中教学双方预期要求达到的目的或结果。实际上，这是一个认识上的误区。体育课程包含了体育课堂教学、课外体育锻炼以及运动训练，体育课程目标的实现取决于体育课堂教学、课外体育锻炼以及运动训练的有机结合。体育课程目标中包含了体育教学目标，体育教学目标是体育课程目标的重要组成部分，二者并非对等关系，不能相互替代。同时，课程标准最终要检验的是学生是否达到了预期的学习结果，而不是教师有没有完成某一任务或是否达到了某一教学目标，因此，体育课程目标应以学生为出发点，目标的行为主体是学生，而不是教师。所以，我们将体育课程目标定义为：学校教育阶段学生通过体育教育（体育课堂教学、课余锻炼、运动训练等）达到预期的学习目的或结果。

（二）体育课程目标的研究现状与趋势

综观我国各级各类学校的体育课程目标，存在三个缺陷。第一，以总体目标代替具体目标，导致各级各类体育课程目标过于笼统，缺乏层次性。总体目标是在我国学校素质教育全面育人的思想指导下，对学校体育教育目的的规定。而具体目标则是体育实践环节为满足学生需求和为实现具体的教学或训练的要求而设定的目标。《学校体育学》将我国学校体育目标定义为："全面锻炼学生身体，增进学生身心健康；掌握基本知识、基本技术、基本技能，为终身体育奠定基础；培养学生良好的思想品德，陶冶学生情操。"以总体目标代替具体目标，从小学、中学一直到大学，不分对象，不分层次，直接导致在教学、训练实践中师生对目标的模糊。第二，侧重显性目标，忽视隐性目标。布鲁姆将教学目标划分为三个领域：知识、情感、技能。其中，知识、技能领域的目标根据评价标准可以测量，呈显性态，而情感领域的目标较难把握，或者实践中没有明确的情感目标，导致了体育教育实践中单纯的知识教育、单纯的技能教育或单纯的体质教育。第三，对具体目标的认识有待加深，目标领域有待扩展。在美国，虽然各州都有自己的体育课程计划，但目标领域却大致相同。2002年教育部下发的《全国普通高等学校体育课程教学指导纲要》对体育课程目标在领域上也有了突破。

（三）大学体育课程设置——《全国普通高等学校体育课程教学指导纲要》解读

2002年，教育部根据《中共中央国务院关于深化教育改革全面推进素质教育的决定》和国务院批准发布的《学校体育工作条例》精神，制定了新的《全国普通高等学校体育课程教学指导纲要》，对大学体育课程目标做了详细的规定。

总体目标：增强体质、增进身心健康和提高体育素养。总体目标将体质与健康分开叙述，阐明了学校体育"健康第一"的指导思想，增强体质依然是我国学校体育的主要目标之一，但是，真正的健康是指学生的身心协调发展，将提高体育素养作为总体目标来阐述，说明对体育的认识从过去"身体发展的教育"（physical education）转变为"以运动为基础的教育"（education based on sports）。以运动为基础促进了人们对学校体育认识的深化，拓展了体育教育的领域：生物学领域、心理学领域、社会学领域。提高体育素养的内涵丰富，它以育人为最高目标，以知识技能为主导，以培养能力为重点，以终身体育为方向。体育素养既包含了身体的、心理的素质，又突出了体育作为文化的一面。体育素养作为一种体育素质或能力，应该包括认知要素、技能要素、操作要素、情感要素。认知要素：目标具备一定的体育卫生、环境、保健、营养、养生知识，体质健康评价的常识，欣赏体育比赛的能力；技能要素：包括健身运动技能、运动创伤处理能力、生存自救能力；情感要素：喜欢并积极参与体育活动，有积极乐观的生活态度；操作要素：包括形成良好的锻炼习惯、制订锻炼计划或运动处方、运动创伤处理、评价和测量体质健康状况等。从终身体育的角度看，发展大学生的体育素养应该成为体育课程教学的中心。

具体目标：《全国普通高等学校体育课程教学指导纲要》将大学体育课程目标划分为两个层次（基本目标与发展目标）、五个领域（运动参与目标、运动技能目标、身体健康目标、心理健康目标、社会适应目标）。

在层次上，大学体育课程要全面贯彻素质教育面向全体、体现个性教育的原则，正视学生的个体差异，在目标的设置上要体现出科学性。《全国普通高等学校体育课程教学指导纲要》将大学体育课程目标划分为基本目标和发展目标两个层次。前者是根据大多数学生的基本要求确定的，反映了课程目标的强制性；后者则是针对部分学有所长又有余力的学生确定的，体现了课程目标的自由度。

在领域目标上，《全国普通高等学校体育课程教学指导纲要》将体育课程目标从知识、技能、情感领域对体育课程的特点进行了扩展，使大学体育课程目标更加具体，操作性更强。

（1）运动参与目标：形成自觉锻炼的习惯与意识，具备体育文化欣赏能力，能编制个人锻炼计划或运动处方。

（2）运动技能目标：熟练掌握两项健身运动的基本方法和技能，以及常见的运动创伤的处置方法。

（3）身体健康目标：能测试和评价体质健康状况，掌握有效提高身体素质、发展体能的知识和方法；养成良好的行为习惯，形成健康的生活方式，具有健康的体魄。

（4）心理健康目标：根据自己的能力设置体育学习目标，自觉通过体育活动改善心理状态、克服心理障碍，形成积极乐观的生活态度；运用适宜的方法调节自己的情绪，在运动中体验运动的乐趣和成功的感觉。

（5）社会适应目标：表现出良好的体育道德和合作精神；正确处理竞争与合作以及体育活动中的人际关系。

二、大学体育课程内容体系

（一）大学体育课程内容设置现状

体育课程的设置基本依据三个要素：第一，以学生为中心，强调学生对体育的需要、兴趣和目的；第二，以学科为中心，强调要根据体育学科知识内在的性质和逻辑结构来组织学习课程；第三，以社会为中心，强调通过体育课程的学习使学生担负对社会的改造或适应能力。综观我国高校体育课程内容的改革历程，过去我们过分地强调了体育学科的逻辑结构，在大学阶段延续了中小学开设的内容，这种"炒冷饭"的内容设置方式受到了广泛的批评与质疑，结果是学科的内在性质没有很好地挖掘，至今也没有建立起系统的体育学科知识，而且忽视了大学生的认识水平与体育需求，造成学生喜欢运动但不喜欢体育课的现象。基于此，为了生存与发展，各高校普遍开始进行体育课程改革，在内容设置上由以学科为中心转向以学生为中心。我国高校体育课程已经出现了多种模式，在课程内容的安排方面也各有特色，尽管各校课程内容有显著差异，但基本是以学生为中心的内容设置。

以学生为中心设置体育课程，不仅拓展了体育课程的内容，而且废除了全国统一的教材分类体系，每一所学校完全可以构建适合本校特点的教材分类体系。但废除统一的分类体系并不是不要体育学科知识的系统性，而是构建科学的体育课程体系，必须考虑学科之间的内在联系，否则教学就是一种无序的行为，就丧失了体育蕴含的文化魅力，体育还会走回过去那种"身体的教育"。

（二）大学体育课程内容确定的原则

教学内容的选择，必须依据体育课程教学指导思想，并以实现课程目标为准则。具体地说，高校体育课程内容的选取应遵循以下原则。

1. 健身性与文化性相结合

任何知识体系都是建立在一定的世界观和方法论的基础上的，体育的基础在于体育文化，没有文化形成不了体育，也发展不了体育。不能简单地把高校体育看成是跑、跳、投以及球类活动，应发掘体育的文化内涵以满足在校大学生强烈的好奇心和求知欲，使其形成正确的体育价值观。同时，要把"健康第一"的指导思想作为确定课程内容的基本出发点，选取适宜发展学生身心的内容来构建课程内容体系。

2. 科学性和可行性相结合

教学内容必须保持与学科发展相适应的规律性，在基本理论与基本技术方面，能反映出学科发展阶段的特征，并不断更新。同时，要根据各学校、各地区的条件进行选择，更要考虑大学生的身心发展规律和兴趣爱好，并真正为学生所用。

3. 民族性与世界性相结合

"洋为中用，古为今用。"中国传统体育有着丰富的文化内涵，蕴含着丰富的养生保健知识，传统体育走入课堂，可以让学生理解历史与我国优秀的传统文化。在世界文化交融的时代，应保持自己的传统特色，同时引进国外的先进教材内容，使体育教材具有时代感，并与国际接轨。

三、大学体育课程组织形式

《全国普通高等学校体育课程教学指导纲要》指出："根据学校教育的总体要求和体育课程的自身规律，应面向全体学生开设多种类型的体育课程，可以打破原有的系别、班级建制，重新组合上课，以满足不同层次、不同水平、不同兴趣学生的需要。"根据这一精神，许多高校在课程设置上都采取了选项课的形式，在组织形式上做了较大的改变，并取得了成功。以下在总结近年来高校体育课程改革成功经验的基础上，对课程组织形式进行了分析。

（一）根据项目重新编班

过去，大学体育课按照院系、班级教授相同的内容，很难满足所有学生的兴趣爱好，忽视了学生的个体差异与兴趣爱好，进行划一性教学，学生上课积极性难以调动起来。通过选项课的形式，学生根据自己的兴趣爱好及能力，会选择适合自己的项目，然后根据项目重新编班，整个班按照统一的进度进行授课。这是基于学生水平差异不大的情况下进行的，整个班可以视为同质，只要教师合理运用，同等水平更利于促进学生之间的竞争。虽然学生间的差异是很难消除的，但是这种差异可以促进学生之间的互帮互助。同时，根据项目重新编班，可以使来自不同院系的学生加深彼此间的了解以及不同专业间的沟通。

（二）男女合班与分班

从学生心理上来说，大学生希望更多地了解异性，通过与异性的交往，克服自己害羞、不善交际的缺陷。因此，教师在内容安排和考核上应尽量避免性别差异，精心组织、合理安排，只要教师教学指导得当，这种方式对于调控课堂气氛、激发学习热情往往会有意想不到的效果。

（三）A 型与 B 型授课

在日本体育教学理论中，有两种授课方式。A 型是指无论什么教学单元，在一个学年均以同一教师负责到底的授课方式。B 型是指在一个学年中，由于教学单元的变化，教师也随之变换的授课方式。我国部分高校正在尝试 B 型授课方式。通过选项课形式，一般一个教师负责一个学期、一个项目的教学，实践课教师进行与项目相关内容的教学，体育理论则由专职教师进行授课。近年来，随着大学体育教学改革的深入，学生对体育课程的自由度也在加大，不仅可以自由选项目，还可以选教师、选上课时间。从体育教师的知识结构以及精力来看，本着对学生负责的原则，B 型授课方式应是今后体育课程教学推行的方式，即实践课教师负责项目教学单元，理论课教师主管理论知识单元。

（四）体育单项俱乐部和学生体育协会组织

课内外、校内外的紧密结合是 21 世纪体育课程体系改革的一个显著特点。但是在具体实施方面，却有着不同的方案。第一种方案是体育课与体育单项俱乐部明显分开。在体育课堂上学习体育知识、技能、方法，在课余根据自己的兴趣爱好参与单项俱乐部与学生体育协会组织的活动。在这种方案中学生具有较大的自由度，可以依据自己的实际情况处理好体育锻炼、专业学习与业余生活的关系，学生的参与意识增强。同时，在单项俱乐部和学生体育协会中，学生的组织能力和活动能力都得到了培养，更好地使知识传授与能力、意识培养相结合。这种方案的实质是：课内学习知识与掌握方法；课外锻炼身体、发展技能。第二种方案是以体育单项俱乐部为体育课程的主要形式，全校学生都自主选择，参加俱乐部，俱乐部开设和专项有关的教学课，称为教学俱乐部。

四、大学体育课程方法手段

传统的体育教学法一直是采用运动技术教学法。所谓运动技术教学法，是指教师把运动技术传授给学生时采用的一些手段和方法，其直接效果是使学生掌握运动技能。我国《学校体育学》介绍了各种体育教学原则，如积极自觉性、直观性、系统性、连贯性、可接受性和巩固性原则；讲解、示范、练习、纠正错误动作，完整或分解方法等。这些原则和方法都是围绕着学习技术、形成技能，掌握专项理论知识为中心展开的，它以技术为中心，忽视了人的发展，扭曲了体育以人为本的自然本质，虽然教师可以根据教材的特点实施教学，但在实际操作中往往强调教师的权威性，忽视了学生的主动积极性，结果是教师教得累，学生的主动性没有调动起来。传统教学的弊端在于：任意夸大和绝对强调教师的主导作用，教师是教学活动的主宰。

随着教学改革的深入，体育教学指导思想的变化使大学体育课程目标也发生了改变，培养学生的运动技能不再是体育课程教学的主要目标，从终身体育的角度着想，培养对运动的兴趣，形成体育意识与习惯，提高体育能力才是体育课程教学的最终目的。这就意味着，运动技术教学法已经不能适应现代体育课程教学的需要。从发展的眼光看，现代体育教学应注重发展学生的个性，尊重学生的个性选择，在师生关系上更加民主，在教学上强调学生的兴趣与主动积极性。同时，大学体育课程教学还要根据高校学生较强的自律和认知水平，在课堂教学中更加开放，更多地应用启发式、合作式、探究式的教学方式。这也是大学体育课程教学法发展的趋势。

（一）手段方法个性化、多样化

传统的体育教学方法，注重整体而忽视个体，强调统一而忽视了学生在能力素质上的差异性，以统一的要求、统一的标准、统一的教育形式和方法，企图塑造同一规格的人才。因而不能因材施教，方法手段的应用上针对性差。在教法手段上，应力求实现因材施教，注意个体学习的参与度，培养学生的学习兴趣与体育运动的参与热情。因此，在教学活动中，应将个体的活动作为体育教学过程的重要环节，在教学中，给学生自学自练的时间和空间。

（二）启发、引导为主

现代教学论已经实现了从以知识（技术）传授为价值取向到以学习主体为价值取向的转变。这决定了教学应从以"教"为中心向以"学"为中心转移，学生是学习的主体，教师的作用在于引导、启发，加强学法指导，实现学生的自我构建、自我发展。高校学生的认识水平已经达到了一个较高的程度，任何事情并不需要教师面面俱到的重复，设定问题情境，让学生从解决问题的角度着手思考，既调动了学生的主动积极性，又让学生在问题解决中学会学习，学会思考，教师只需引导、启发。这也是对学生主体性教育的一个重要方式。

（三）注重情感类方法

在传统教学中，教师是教材的组织者、教学过程的组织者，主宰着教学的一切活动，学生的一切活动都在教师的控制之下，突出教师的权威性，教师与学生是建立在一种不平等的关系之上的。这也就造成了这种教学法突出技能传授的有效性而忽视了学生的个性心理发展。现代教学论认为，一切教学活动都要以学生的心理状态向着预期的方向发展，才有利于实现定向培养。为了实现学生身心协调发展的教学目标，应把学生的情感放在一个重要的位置。

（四）方法、手段功能扩展化

一般来说，教学方法或手段都有很强的针对性，一种方法手段具有一种或两种作用，这有利于针对不同的目标进行选择。以往教学方法的功能主要集中于认知或传授功能，随着体育课程目标领域的扩展，课程所采用的手段、方法就必须在功能上进行拓展，如方法、手段应体现出认知、协同、能力培养、兴趣需求、情感发展、自主学习等多方面的功能。这就意味着在达到一个主要目标的同时，还应达到各种不同的目标，实现教学目标的科学化和均衡化，体现出现代教学方法、手段的科学化、综合化发展方向。

（五）方法、手段的现代化

现代信息技术的发展，促进了体育教学手段、方法的现代化，也加速了体育课程教学的开放化趋势。在美国，基础教育的体育课程一般开设到12年级，相当于我国的高中毕业，在大学阶段一般不设体育课。学生的能力通过基础教育与中学阶段的学习得到了培养，具备了较高的自学能力，通过网络学生可以学习体育与健康知识。目前，我国在硬件与软件上（主要是学生自主学习能力）都与美国有差异，这决定了我们在大学学段，可以根据条件利用现代教育技术开发体育课程教学的手段与方法，在学生的体育与健康意识增强的同时，进一步扩大体育课程教学的开放程度。

五、大学体育教师角色定位

传统的体育教学模式，基本上是以教为中心的，这种教学模式注重教师的体育教学活动，在这一过程中，体育教师是教材的组织者、知识的输出者、学生活动的主宰者和课堂纪律的管理者，主导着教学的进程。随着现代教育改革的深化，教育个体化、自主化趋势已经成为现代教育改革的主流。在体育教学设计上，正在实现由以教为中心向以学为中心的转移，教师与学生的地位在课堂教学中发生了明显的变化。作为大学体育教师，其角色该如何定位？我们拟从现代体育教育思想的转变中看待这一问题。

（一）学生自主学习的引导者

在"授—受"式的教学中，教师的作用只是牢牢控制住学生，传授现成的知识（技术），教师是知识的输出者，学生被动接受教师的输出。但是，输出的量并不能决定输入的质。学生只有通过自己的头脑加工后才能转化为自己的知识，因此，现代教育突出了学生的主体性教育。现代体育信息来源渠道越来越宽广，网络、媒体无时不在传播着体育信息、健康知识，体育教师不再是知识的唯一拥有者。同时，大学生具备了借助现代媒体信息了解体育与健康知识的能力，具备了自主学习的条件。但是，教师作为课堂教学的主导，应该在知识技能的输出上发挥先行组织者的作用，预先对教学内容、结构进行合理把握，并对可能出现的情况进行预先判断，在教学中设定教学情境，给学生自主学习的空间与时间，教师作为学生学习的辅助指导者，启发、引导学生的学练。发挥学生的主体作用，似乎教师的作用在体育教学中有所减弱，但是对于教师来讲，要想提高教学能力，必须进一步更新观念，完善自己的知识结构，用现代教育教学的新理念指导体育教学实践，充分发挥教师的主导作用。

（二）体育文化的传递者

目前的大学体育教师中，不少人运动技能高超但文化素养欠缺，在运动技能传授中有丰富的经验，但是缺乏对体育文化的发掘，或者是一个训练上的专家，教学中重视体质或体能，却对健身技能和方法上把握不足。大学体育课程明确了提高大学生的体育文化与体育欣赏能力、培养健身技能与方法是大学体育课程的目标之一。这就意味着大学体育教师应该具有较高的文化修养，较广的知识储备，较强的运动技能。这种知识与技能基础，使他们不仅懂得挖掘体育的文化内涵，更好地传播体育文化，培养学生的体育观赏水平，还要传授健康知识与技能，根据体育项目的特点创新健身的方法。

（三）教学关系的协调者

过去，体育教师作为教学活动的主宰，是维护课堂纪律的管理者，师生关系其实是建立在不平等的基础上的。大学生渴望理解，期望获得尊重。这种不平等的师生关系阻碍了教学信息的有效传递与反馈。因此，作为高校体育教师，从教育民主化、个性化的角度出发，应该站在学生的立场上思考问题和组织教学活动。师生关系、生生关系可以通过教师有意识的分组进行调节，使学生之间既有竞争又有协作，师生之间在平等的基础上思考问题，形成多边的互动方式，既有利于信息的传输，提高教学效率，又能调控好课堂氛围，使学生在良好的学习氛围中学习知识与技能，通过多边的互动培养团结、协作、竞争的意识。

（四）道德教养的先行者

联合国教科文组织指出："由于家庭在道德和社会教育方面的不足，必须完善这方面的适当教育，必须组织每个学生的自学活动。教师不仅要做学生的榜样和向导，而且还要担任他们的顾问，摈弃传统观念赋予他们的师道尊严。"在美国，十分重视培养学生在体育活动中表现出的行为（诸如熟悉活动规则与程序、懂得协作、遵守体育道德、有礼貌、积极地作出反应等），他们认为这也是社会行为的一个缩影，是学生社会责任感的重要表现。因此，通过体育活动，教师应有意识地引导、培养并身体力行，在教学中进行学生品德与社会行为教育教养。

第六章 体育课程的改革挑战

第一节 新社会与素质教育对学校体育教育的挑战

一、中国社会的发展与学校体育教育

随着中国改革开放的不断深入与市场经济的逐步建立，优胜劣汰的竞争机制被广泛运用，有力地推动了中国的现代化建设和社会的发展，同时也促进了人们思想观念的更新和生活方式的改变。中国的教育如何适应中国社会发展的需要？作为学校教育重要组成部分的学校体育教育如何适应中国社会发展的需要？这是摆在我们广大学校体育教育工作者面前的一项重要课题。为此，必须首先了解中国社会的发展对学校体育教育提出了哪些新的要求，学校体育教育的主体——学生的体育需求发生了哪些变化。

（一）中国社会的发展对学校体育提出的新要求

1.要求学校体育教育更加有效地为增进学生健康和增强学生体质服务

为增进学生健康和增强学生体质服务，始终是我国学校体育教育的根本任务。特别是 1999 年下发的《中共中央国务院关于深化教育改革全面推进素质教育的决定》中明确提出："健康体魄是青少年为祖国和人民服务的基本

前提，是中华民族旺盛生命力的体现。学校教育要树立健康第一的指导思想，切实加强体育工作。"从而进一步明确了学校体育教育的根本任务。

但在20世纪70年代以前，增进学生健康和增强学生体质，基本上体现在全面锻炼学生身体方面，很少考虑社会发展对健康的影响与学生身体实际情况的需要，缺乏针对性。

20世纪90年代以后，随着我国社会生产力水平的提高和经济的发展，人们的劳动方式和生活方式随之发生了很大的变化。由于体力活动大量减少，现代社会的文明病，如高血压、肥胖症、心血管疾病、神经衰弱等迅速增加，人们的身体应激能力普遍下降。加之青少年学生的体质、健康监测已形成制度，学生体质、健康方面存在的问题可以清楚地显示出来。因此，中国社会的发展要求在继续全面锻炼学生身体的同时，必须加强体育锻炼的针对性，以适应现代社会对青少年学生的体质要求和青少年学生自身成长发育的实际需要。例如，改善心肺功能的锻炼，形体锻炼，发展灵敏、柔韧、力量的锻炼，等等。

2. 要求学校体育教育为提高学生的心理健康和心理素质水平服务

随着我国市场经济的发展，社会各个领域都充满着矛盾，竞争日趋激烈，事物的发展变化往往表现得变幻莫测，信息流动、技术更新、生活节奏急速加快，社会压力加大，因而导致许多人心理严重失衡，产生了许多心理障碍，这是一个非常值得关注的社会问题。

诚然，提高学生的心理健康与心理素质水平，需要依靠学校、家庭和社会各种教育形式的相互配合，但学校体育教育鉴于自身的特点，对提高学生的心理健康与心理素质水平，具有其他学科与其他教育形式无法比拟的得天独厚的优越条件。因此，为提高学生的心理健康与心理素质水平服务，是社会发展赋予学校体育教育的一项十分重要的任务。

3. 要求学校体育为学生奠定终身体育的基础服务

在 20 世纪 80 年代以前，我国的学校体育教育比较重视追求直接增强学生体质的目标和体育技能的学习，以及有形的近期效益。这一点可以从学校体育和体育教学的评价标准中得到证实。如 1979 年国家正式颁发的《中小学体育工作暂行规定》和《高等学校体育工作暂行规定》都明确规定："评定中、小学（或高等学校）体育工作的成绩，最根本的是看学生的体质是否有所增强。"在体育课程的成绩考核中，也主要是针对学生掌握体育技术、技能与提高身体素质的情况做出评价。

然而，学校体育对增进学生健康、增强学生体质的直接作用，不可能是一劳永逸的，而人的一生都需要有健康的身体。要保持身体的健康，就离不开体育锻炼。所以社会的发展已使体育进入了人们的日常生活，成了人们日常生活中不可缺少的一项内容并伴随人的一生，这是当今世界体育发展的一大趋势。然而，据调查，我国大学生毕业离校后，大部分都不再继续从事经常性的体育活动，特别是不再继续进行经常性的身体锻炼。由于工作方式和生活方式的改变，加之缺乏体育锻炼，导致人们的体质、健康水平下降，特别是在以脑力劳动为主的人群中，表现得尤为突出。因此，进入 20 世纪 90 年代以后，在终身体育思想的启示下，学校体育要为学生奠定终身体育的基础服务就在我国学校体育界逐渐达成了共识。1995 年经国务院批准实施的

《全民健身计划纲要》中明确指出："各级各类学校要全面贯彻党的教育方针，努力做好学校体育工作。要对学生进行终身体育教育，培养学生体育锻炼的意识、技能和习惯。"

学校体育要为学生奠定终身体育的基础，就是要在促进学生身心全面发展的同时，培养学生终身体育的意识、兴趣、习惯和能力。

（二）学校体育教育主体需要的变化

1. 健身的需要

增进健康，增强体质，既是国家和社会对学校体育教育的要求，也是学校体育教育主体——学生的体育需要。但在 20 世纪 70 年代以前，我国只强调国家和社会对学生的体育要求，忽视了学生主体的体育需要，主要体现在："锻炼身体建设祖国，锻炼身体保卫祖国"成为学生从事体育锻炼的出发点和归宿，特别是《准备劳动与卫国体育制度条例》在学校中的广泛推行，更加强化了健身的国家需要和社会需要；把"为劳动生产和国防建设服务"作为学校体育教育的本质属性内容写进我国体育学院本科教材《体育理论》中，并将"为将来参加建设社会主义和保卫祖国做好准备"作为学校体育教学的根本目的，以不同的文字表述，写进了 1950 年制定的《小学体育课程暂行标准（草案）》，1956 年制定的中、小学《体育教学大纲（草案）》，1961 年编写的中、小学体育教材及 1978 年制定的全日制十年制学校中、小学《体育教学大纲（试行草案）》之中。

进入 80 年代以后，随着我国经济的发展和社会的进步，广大青少年学生的主体意识得到加强，体育观念得到更新。由于高新技术和社会主义市场经济的发展，社会各个领域的竞争加剧，人们的工作、学习和生活的节奏加快，精神负担和心理压力加大，加之现代文明病的产生、环境的污染和生态平衡的破坏，使广大青少年学生开始认识到，健身不仅是自己在校期间学习的需要和将来毕业后择业的需要，更是提高终生生活质量的需要，从而大大加强了健身的主体意识，并使自身的需要和国家与社会的要求得到了内在的统一。

2. 健美的需要

我们这里所说的健美，主要是指群众性的健美锻炼，即以塑造形体美和姿态美为主要目标的体育锻炼。这在发达国家的群众体育特别是学校体育中是十分普遍的现象。古希腊著名雕塑家米隆塑造的"掷铁饼者"，被世人奉为健美的偶像，体育则被人们誉为"健美之神"。

然而，在 20 世纪 70 年代以前，由于学校体育教育目标的单一性，我国学生的健美意识是极为薄弱的，认为体育锻炼就是为了增强体质，别无其他目的。在学校体育中也几乎不给学生任何有关健美知识的教育。进入 80 年代以后，随着物质文明和精神文明的提高及学校体育观念的更新，健美锻炼很快成为学校体育的一种时尚。健美操、韵律操、形体训练及各种形式的肌肉练习，受到广大学生特别是大学生的喜爱。如今，健美已成为广大青少年学生自觉追求的重要的体育目标，他们通过健美锻炼以求达到"健、力、美"的和谐统一。

3. 娱乐的需要

娱乐原本是体育的本质属性，如果失去了娱乐的功能，体育也就不成为体育了。

进入 80 年代以后，由于社会的进步，学校体育思想的更新，以及快乐体育、娱乐体育、休闲体育的引进，推动了学校体育教育改革的深入发展。培养学生的体育兴趣，让学生享受运动的乐趣，满足学生身心发展的需要，成了学校体育教育的重要目标之一，引起了广大体育教育工作者的高度重视。学生在社会体育的驱动下，不仅把参加体育活动作为课余生活的主要内容，而且为了追求终身的享受，主动积极地去学习和掌握身体娱乐的知识与技能。

4. 终身体育的需要

20 世纪 80 年代以前，学生参加学校各项体育活动，就是为了探究健康，增强体质，获得充沛的精力，保证完成学习任务的需要。所谓"$8 - 1 > 8$"的公式，就是最好的说明。进入 80 年代以后，随着学校体育教育改革的不断深入和终身体育思想的逐步普及，广大青少年学生特别是大学生，在继续重视追求学校体育现实的健身效益的同时，也开始重视追求学校体育的长远效益，即注意培养自己的体育兴趣和特长，学习和掌握体育健身、体育健美和体育娱乐的知识与方法，以适应将来就业的需要和终身体育的需要。

5. 个性化和多样化的需要

20 世纪 80 年代以前，学校体育的内容基本上是由国家（体育教学）和学校（课外体育）统一规定与安排的，学生很少有选择的自由。80 年代以后，特别是自实施素质教育以来，随着我国社会的发展和教育思想的更新以及办学条件的改善，学校体育教学越来越重视个性化教育，尊重学生的人格，承认学生的个体差异，重视发展学生的体育兴趣和特长，千方百计地创造条件，引进新的体育项目，丰富学校体育教学的内容，以满足学生的不同需要。而学生的体育主体意识也大大加强，从各自的不同需求出发，对学校体育教育提出了新的多种多样的要求。

二、素质教育与学校体育教育

（一）素质教育的本质

素质教育，从本质上来说，就是全面贯彻党的教育方针，以提高全民族素质为根本宗旨的教育。素质教育着眼于受教育者和社会长远发展的要求，以面向全体学生、全面提高学生的基本素质为根本目的；以培养学生的创新精神和实践能力为重点；承认学生的个体差异，注重因材施教，开发学生的潜能，使每个学生在原有的基础上都得到生动、活泼、主动的发展；为学生获得终身学习的能力和生存与发展的能力打好基础；使学生成为德智体美全面发展的社会主义事业的建设者和接班人。

（二）素质教育的特征及其对学校体育教学的要求

1. 全体性

学习和发展是每一个学生的权利。所以，素质教育必须面向全体学生，提高每个学生的基本素质，使每个学生都学有所得、学有所成，获得健康成长，成为社会有用之才。

素质教育的这一特征要求学校体育教学也必须面向全体学生。要求体育课程教学目标的提出、内容的选择、考核标准的制定，都必须顾及全体学生体育学习的实际；要求课外体育活动的开展，应尽可能地满足全体学生的不同需要。学校体育应当使每个学生都学有所得、学有所成。

2. 全面性

素质教育的这一特征，一方面要求学校体育应当全面提高学生的体育素质，既要增进学生的健康、增强学生的体质，又要培养学生终身体育的意识、兴趣、习惯和能力，还要提高学生的心理素质和体育文化素养；另一方面要求学校体育充分发挥其功能，在全面提高学生体育素质的同时，还要有利于促进学生思想道德素质、文化科学素质和生活劳动素质的提高。

3. 发展性

素质教育着眼于学生和社会长远发展的需要，要求为学生的身心健康发展打好基础；为学生的终身学习打好基础；为学生将来走向社会打好基础。总之是要为学生的长远发展打好基础。所以，有人也把素质教育的发展性称之为基础性。

素质教育的这一特征，要求学校体育：一是在为学生打好体质基础的同时，培养学生的自信心、自尊心，提高学生的心理素质水平，为学生打好身心健康发展的基础；二是要使学生认识和了解体育与健康、个人与社会的关系，提高学生的体育意识和从事体育锻炼的社会责任感；三是要使学生掌握好体育的基础知识和基本技能，学会健体，为学生的终身体育打好基础。

4. 主体性

学生是学习的主体和发展的主体。素质教育是一种弘扬学生主体性的教育。素质教育尊重学生的人格，承认学生的个体差异，重视学生的个性发展。因此，素质教育又是一种个性化的教育。主体性是素质教育最根本的特征，是素质教育四大特征的核心。

素质教育的这一特征，要求改革压抑学生身心发展的学校体育思想、内容和方法，加强因材施教和区别对待，重视学生体育兴趣、爱好和特长的培养，尽可能地为学生主动地、生动活泼地进行体育学习和锻炼创造条件，促进学生个性的发展。

第二节　学校体育改革的方法论基础

一、学校体育改革必须摆脱传统思维方式的束缚

长期以来，自然科学和社会科学作为两大系统分别进行着各自的历史发展，它们之间虽然也相互影响，但却始终存在着一条鸿沟。自然科学被孤立的决定论与形而上学所统治，实现着理想化的严格的定量化的抽象。而社会科学发展的历史告诉人们，社会科学的规律很难用严格的数量关系来描述，更谈不上严格的决定论。人类社会是一个极端复杂的动态系统，谁都不可能列出一个方程来描述这一动态过程，然后演绎这个方程推导出今后历史的发展。

但是，当代科学的发展，有力地改变了上述状况，尤其是近代物理学的发展，使人们看到在以往严格决定与严格定量的物理学研究中，也遇到了大量的偶然性。许多事物内部的因果联系都具有不确定性，它们的内部规律是一种统计的规律。同时，一切事物都是相互联系、相互依存的，并不存在牛顿力学中那种孤立的绝对时间、绝对空间和绝对动力。因此，自然科学的发展，要求人们必须从形而上学的思维模式中解脱出来，用统计的偶然的宇宙

观来取代严格的定量的决定论的宇宙观。近代物理学的发展，冲破了严格决定论的束缚，确立了一种把两极统一起来的新理论与新思想。这种新思想深刻地揭示了客观世界辩证的对立统一性。在这种情况下，自然科学研究方法就发生了一场深刻的革命，这场革命的重要标志是系统论、信息论、控制论的相继问世。

"三论"的出现在自然科学与社会科学之间，架起了一座伟大的桥梁。因此，人们称之为横断科学。"它们从不同的侧面揭示了客观物质世界的本质联系和运动规律，为现代科学技术的发展提供了新思想、新方法。""三论"的出现是继相对论和量子力学之后，又一次"彻底改变了世界的科学图景和当代科学家的思维方式"。这对于我们从事学校体育教育的理论研究与改革实践都具有重要的方法论的意义。

（一）学校体育科研需要有新的方法论指导

体育科学横跨自然科学与社会科学。学校体育研究的主要对象大都和人联系在一起，只要涉及人的问题，几乎无一例外都是生物、心理、社会（又含政治、经济、文化、教育、法规、习俗等）众多因素交织在一起综合作用的结果。从事学校体育的科学研究，必须全面、深入地认识研究对象。这就需要借助新的理论和新的思维。

（二）学校体育实践需要有新的方法论指导

一切体育现象都具有高度的复杂性、不确定性和模糊性。从事学校体育实践，就必须透过现象看本质，把握学校体育的规律，摆脱严格决定论的束缚，改变传统的思维模式。特别是学校的行政部门和教研部门，其主要职能就是对学校体育教育工作进行行政管理和业务管理。所谓管理，是多个微分决策与决策实施的积分。决策的最大前提就是要全面占有真实的信息；决策的根本任务是目标的制定和实现目标的方法选择；决策的实施主要是对被决策系统的运行进行控制，而控制的基本方法就是信息的反馈。由此可见，现代学校体育的决策管理需要借助于系统论、信息论和控制论的帮助。这对于体育教师的工作来说也具有同样的意义。例如，对学校体育与体育教学改革的整体设计、课余运动训练体系的构建、学校课外体育活动与运动竞赛的统筹安排，乃至一堂课的组织与实施，如能借助新的方法论的指导，必将获得前所未有的效果。

二、"三论"归一看学校体育

系统论、信息论、控制论作为彼此独立的学科，都有其各自的发展方向。但由于"三论"中许多基本概念、基本思想、基本方法都具有相似性，相互之间有着密切的内在联系，所以必然会出现相互渗透、相互借鉴、协同发展的趋势。我国学者张顺江在辩证唯物主义的指导下，进行了"三论"归一的研究，取得了重要的研究成果——《法元论》。

"三论"归一的理论认为，大千世界五彩缤纷，各种事物千差万别。然而，各种千差万别的事物，包括我们的一切研制对象，都可以把它看成是"系统"。我国著名科学家钱学森认为，系统是"由相互作用和相互依赖的若干组成部分结合成具有特定功能的有机整体，而且这个系统本身又是它所从属的一个更大系统的组成部分"。从"三论"归一的理论来看，一切系统（当然也包括学校体育）都具有共同属性。从系统的属性来看学校体育，将是别有一番风情。

（一）系统的对立统一性

对立统一性是一切系统最本质的属性。从哲学的观点来看，一切系统都是对立统一体。世界上千变万化的事物，各种各样的体育现象，无不包含着矛盾，矛盾对立面的斗争与统一，推动着事物的运动、变化和发展。

从系统的对立统一性来看学校体育，学校体育是学校教育的一个组成部分（子系统），它与德育、智育、美育等共同构成学校教育系统；而学校体育系统又是由体育教学、课外体育活动、课余运动训练与竞赛等子系统组成的；体育教学系统则又由身体锻炼、知识技能教学与思想品德教育等子系统组成；课余运动训练系统又由身体训练、技战术训练、心理训练与思想作风培养等子系统组成，这些从不同层次上构成的大大小小的系统，都是矛盾对立的统一体，矛盾对立面又斗争又统一，推动着学校体育系统的发展。

系统的对立统一性告诉我们，在观察事物和研究问题时，既要看到事物内部统一的、相互促进的一面，又要看到事物内部矛盾对立的、相互制约的一面。例如，体育教学与课余训练就既有相互促进的一面，又有相互制约的一面。当然，一个系统在不同时期与不同条件下，可能表现出或是以统一性为主导，或是以斗争性为主导的不同倾向。但矛盾的斗争是绝对的，统一是相对的、暂时的、有条件的。我们从事学校体育理论研究和工作实践，就是要善于分析矛盾，创造条件，促进矛盾的转化，寻求系统新的统一，推动学校体育理论和实践的发展。其实，发展就是以更高层次的相容性即统一性为目的的。

（二）系统的整体性

系统的整体性主要是指，系统是由若干个子系统有机组成的整体。系统论创始人奥地利著名科学家贝塔朗菲认为：系统的功能和属性大于各部分之和。这就是著名的贝塔朗菲定律，也是系统论的一个基本原理。为什么系统的整体功能和属性会大于各孤立部分之和呢？这是系统优化组合而产生的各部分之间相互增益作用的结果。

系统的整体性告诉我们，观察研究问题必须要有一个整体观、全局观。研究学校体育工作，绝不能脱离学校教育这个整体，必须遵循有利于提高学校整体教育质量的基本原则；学校体育改革必须纳入学校教育改革整体计划，必须符合素质教育的要求；学校体育自身的改革也要走整体改革之路。学校体育整体改革不同于全面改革，全面改革是指对学校体育的各组成部分分别进行改革，而整体改革强调的是学校体育各子系统的最佳组合，使之能相互促进、相互增益，以利于提高学校体育系统的整体功能。

（三）系统的层次性

系统既然是由若干个相互联系的子系统组成的，就必然可以分解为若干个子系统。系统向上组合无穷，向下分解也无穷。但任何一个具体的系统，必然处于一定的层次之中。系统的层次性既是对宇宙无限性的科学抽象，也是对事物无限可分的科学抽象。

系统的层次性告诉我们：

（1）研究任何问题都必须弄清研究对象在大系统中所处的层次。例如，我们常说的"要摆正学校体育的位置"，这个"位置"实际上就是层次，"摆正"实际上就是要把它放在正确的层次上。摆高了不行，变成了"体育至上"，破坏了学校教育系统的整体协调；摆低了也不行，影响了教育方针的全面贯彻。在学校体育工作中，如果我们不了解自己所从事的工作在学校教育系统所处的层次，当学校体育工作受到排挤时，就不敢去据理力争，或不知道怎样去据理力争。反之，如果学校体育工作已经摆到正确的位置上了，而我们还觉得不够"劲"，在会上和别人争得面红脖子粗，埋怨领导不重视，那就势必令人反感，给学校体育工作造成适得其反的结果。

（2）在明确研究对象的层次之后，就必须进一步划定研究对象的边界，也就是研究范围。例如，研究"教学过程"，必须明确是研究一次课的教学过程，还是研究一个单元、一个学期、一个学年或是一个学段的教学过程。又如，研究"学校体育管理"，必须明确是研究一所学校的学校体育管理，还是研究一个地区的学校体育管理，或是研究全国的学校体育管理。

（3）在明确研究对象的层次与边界的同时，还要了解系统与上下层次的关系。对某一层次系统的研究，应以上一层次的研究成果为条件，以下一层次的研究成果为基础。例如，研究学校体育，就必须深刻认识素质教育的要义和熟悉体育教学、课外体育和课余体育训练的情况。

系统的整体性强调的是系统的整体结构和整体功能，而系统的层次性强调的是系统的分解与综合。它们是一个问题的两个方面，各有侧重又紧密联系。系统的整体性与层次性启示我们必须全面、深刻地看问题。

（四）系统的信息性

所谓信息，通俗的说法是指那些有具体内容的消息、指令、信号、数据、文献等。信息可以表明事物的某种特征。通信的目的在于减少或消除信息接收者在认识上的某种不确定性，改变原来不知或知之不多的状态。例如，有人告诉你，你带的运动队有学生病了。由于所获得的信息量较少，你只知道有学生生病，至于有多少学生生病、生的什么病、生病的学生是谁等，都不能确定。如果你再打听，得知只有一个学生得了急性肠胃炎（信息），那么，一切就都清楚了，不再存在不确定的因素了。

从哲学的观点来看，所谓信息就是指事物之间的一种联系。反过来说，事物之间的所谓联系，实质上就是一种信息沟通。事物之间失去了信息沟通，也就失去了联系。由于任何一个系统的存在，都必然具有内外的联系，因此，我们把这种联系称为系统的信息性。系统内部各子系统之间的联系，称为内信息。系统内部各子系统之间如果失去了联系，即失去了内信息，那么这个系统就要解体，或失去运行机制。内信息还可以理解为事物运动变化的内因。系统与外环境的联系称为外信息，也可以理解为外因，是系统运动变化的条件。

系统的信息性告诉我们，研究学校体育问题和从事学校体育工作，一定要弄清楚研究对象和工作对象的内在联系及其所处的外部环境（条件）。为此，我们必须高度重视信息的全面性、真实性与时效性，既要防止一叶障目（不掌握全部的信息），更要防止信息的折光（信息失真）。凡是根据片面的虚假的信息做出的判断或决策，必然是脱离实际的、错误的。特别是在弄虚作假盛行的今天，充分认识系统的信息性，警惕信息折光，是具有特殊意义的。

（五）系统的运化性

所谓运化，就是运动、变化。系统的运化性，就是说一切系统都是运动、变化的。系统是矛盾的对立统一体，矛盾的对立斗争，必然会引起系统的运动、变化。运动是物质存在的形式。世界上不存在没有运动的系统。其实，运动是无法观察到的，我们所观察到的是运动所引起的变化，变化就是系统运动所引起的系统状态、特征或本质表象的改变。

系统的运化性告诉我们，不能用静止的观点去看问题，不同地区、不同学校的各项体育工作都是可以改变的，体育差生也是可以改变的，后进可以变为先进，先进也可能变成后进。当然，这种变化是有条件的，是内外信息相互作用的结果。我们从事学校体育工作，要改变学校体育工作的落后面貌，就是要研究和创造使先进更先进，使落后变先进的条件，从而推动学校体育的发展。

（六）系统的多向性

系统的多向性是指一个处于自由状态（中介状态）的系统，具有向多种方向运化的可能性（其内含具有多种意义）。也就是说，任何一个系统的运动、变化和发展的方向都不是唯一的。所谓自由状态或中介状态的系统，是指在观测者尚未介入的第三者新理论、新思维——学校体育改革的方法论基础情况下，处于原来的内外联系之中的系统。系统的多向性是系统运化的根据，是由系统的内信息决定的，在一定限度内，对不同的外信息产生不同的反应，向不同的方向运动、变化。列宁说："要真正认识对象，就必须把握和研究它的一切方面、一切联系和'中介'。"鸡蛋不一定非变成小鸡不可，可以变成小鸡，也可以变成食品、变成原料、变成药品、变成工艺品等。关键取决于外因的引导。

系统的多向性告诉我们，学校体育系统及其所属的各个子系统的运动、变化是具有多种可能性的。其实际的运化结果，取决于外信息（即外部条件或输入因素）的引导。例如，体育锻炼既可能起到增进健康的作用，也可能导致损害健康的后果；练习支撑跳跃既可能培养学生勇敢顽强的精神，也可能造成学生胆小怯弱的心理障碍；体育课采用不同的设计方案与不同的组织教法，可以获得不同的结果。我们思考学校体育问题千万不能"一根筋"，把问题看死了、看绝了。一个球队外出参加比赛，可能出现不同的结果：打赢、打输、打平；或因气候问题延期比赛；或因食物中毒一方或双方弃权；或因队员受伤过多而被迫退出比赛；或在比赛中发生冲突而中断比赛；或在比赛中发生暴力取消比赛……作为一名带队的体育教师，对各种可能性都应当有所估计，有所准备。尽管这里有一个概率问题，但也要有"不怕一万就怕万一"的思想准备。

（七）系统的随机性

系统的随机性是指系统在不同条件下可以向不同方向运动、变化的特性。系统的随机性与系统的多向性是密不可分的。它们的主要区别在于：多向性侧重于系统运化的内信息（即内因）；随机性则侧重于系统运化的外信息（即外因）。随机性是一切偶然现象产生的根源。一个人生下来将来从事什么职业是随机的；一个学生参加课余训练，将来能否成为优秀运动员是随机的；组织一个体育代表团参加运动会，能拿多少块金牌也是随机的。当然，随机并不等于没有规律，这种规律是一种统计的规律。例如，硬币抛出去掉在地上是正面朝上还是反面朝上，是随机的。但经无数次抛掷结果统计，正面与反面朝上的概率，大体上各占50%。我们从事学校体育研究工作，就是在寻求规律。

系统的随机性告诉我们，不要把事物运动变化的结果看成是必然的、绝对的、决定的。在学校体育工作中，召开会议或下达文件布置一项工作，其结果是随机的。因为，工作执行人的认识水平不同，对上级的有关指示、批示的理解不同，工作能力不同，各地各校的外部条件不同，在工作实施过程中碰到的问题也各不相同，因此，此项工作就可能产生不同的结果。我们在从事学校体育的理论研究和改革实践时，必须充分注意大量的、偶然的统计的规律，必须高度重视各种各样的干扰因素对我们研究结果和改革效果的影响。

（八）系统的约束性

系统的约束性是指系统在运化过程中表现出来的相对不变性。列宁说，"规律是现象中巩固的东西"和"同一的东西"。所谓"巩固的"和"同一的"东西，就是指事物在运化过程中的不变性，即约束性。从某种意义上来说，规律就是约束的同义语。因为，任何一种自然规律，都意味着存在一定的不变量。所以，每一种自然规律都是一种约束。艾什比在《控制论导论》中指出："控制论着眼于整体，着眼于一切可能有的丰富多变的状态，然后研究为什么实际出现的状态只限于所有可能出现的某一部分。"由此可见，科学就是寻求某种约束。宇宙万物无一不处于一定的约束之中。

系统的约束性告诉我们，从事学校体育理论研究和改革实践，必须充分认识研究对象和工作对象与内外环境的各种复杂而具体的联系，从各种复杂的联系中把握影响学校体育发展的因素，从而揭示和把握学校体育发展的规律。例如，要想科学、合理地安排好体育课的运动负荷，就不能只考虑锻炼学生身体和掌握运动技能的需要，还必须考虑与上一节课和下一节课的关系，以及学生的营养、睡眠、体质等实际情况。不考虑与上下左右的关系，缺乏全局的、整体的观点，把体育封闭起来，就体育研究体育是研究不出有实际价值的东西来的。

系统的随机性和系统的约束性也是一对矛盾，共处于同一系统之中是因为世界上的一切事物都具有随机性（偶然性），但在一定条件下，又具有必然的结果。从五个鸡蛋中取一个鸡蛋，到底哪个被取出，是随机的、偶然的。如果要从中挑选出一个最大的鸡蛋，在可以区分大小的情况下，最大的一个鸡蛋被取出，就是必然的、决定的。

系统的约束性是决定性宇宙观形成的理论基础，而系统的随机性是偶然性宇宙观形成的理论基础。我们既不承认无条件的决定性宇宙观，也不承认无条件的偶然性宇宙观。只有把决定性宇宙观与偶然性宇宙观结合起来，才是辩证的科学的思维方法。

（九）系统的同态性

系统的同态性是系统本质表象的反映。人们可以从系统的表象中概括、归纳和抽象出它的同态系统（含同态概念）。例如，各种地图、模型、设计图等；又如，体育课、训练课、体育比赛等概念，都是根据各种各样的体育课、训练课和体育比赛表象反映出来的共性抽象而成的。系统的同态性是构成理性思维的客观基础。系统同态性的表述方式是多种多样的。例如，对同一系统我们可以根据需要进行形象模拟、结构模拟、功能模拟、数学模拟以及综合模拟等。

系统的同态性对我们从事学校体育理论研究和改革实践具有重要意义。例如，我们进行体育课的改革，可先进行课的设计，编写课的教案，并对教案进行研究讨论，然后再去实践。又如，近年来我们在体育教研活动中创造的"说课"，在体育教学训练中，技战术模型或挂图的运用等，也都和系统的同态性息息相关。从对系统同态性的自发应用，到自觉研究，是人们认识世界的一大飞跃。科学地利用系统的同态性原理，可以为我们节省大量的时间、精力和物力，有利于提高工作效率。

（十）系统的稳定性

系统的稳定性是指系统在运化过程中表现出来的质的相对不变性。系统的稳定性表现为如下三种形式：

一是系统的抗干扰能力。这是系统维持自身存在的基本条件，如果系统失去了这种能力，那么系统就一刻也不能存在。系统的稳定性是系统保守性的一种表现，如一个有共同目标、共同利益、团结协作的集体。

二是系统的循环性。系统的循环性是指系统在更高一层次上的保守性的表现。我们常说的"事物的发展是螺旋式上升的"，就是系统循环性的表现，如运动训练周期的循环。

三是系统的协同性。系统的协同性是指系统的耗散结构表现出来的一种动态平衡。它是系统内子系统在与外环境不断交换的条件下,保持系统稳定性的一种形式。如一支运动队中,老队员离队与新队员进队。

系统的稳定性告诉我们,对一个正常的系统,如一个体育教研组、体育俱乐部、体育代表队,就应当想方设法去提高它们的抗干扰能力和协同性,以加强其稳定性。而对于一个需要改造的系统,由于系统具有稳定性,即保守性,改革就不可避免地会遇到阻力,这是极其正常的。

第三节 学校体育系统的功能与目标

一、系统的类别、功能、目标概说

(一)系统的类别与功能

从系统论的观点来看,一切事物都可以看作是系统。然而,世界上的事物是千差万别的,一只老虎、一棵树、一块石头、一栋楼、一辆汽车、一瓶酒,都可以看作是一个个各不相同的系统,然而,这些各不相同的系统,却又都是看得见、摸得着的东西。而一份单元教学计划、一堂体育课,乃至体育课上的思想品德教育,也都是一个个各不相同的系统,但这些系统,有的看得见摸不着,有的既看不见也摸不着。由此可见,系统是五花八门的。五花八门的系统虽然都有其共同的基本属性,但由于它们的成分不同、结构不同、形状不同、形成过程不同,因而具有不同的性质和功能。

我们常说不同的系统具有不同的功能。这里特别要说明的是人工系统的功能与目标的关系。一切人工系统都是根据人所确定的目标进行设计与制作的，赋予系统特定的功能，以满足人的需要，如冰箱、洗衣机、电视机等。而对于天然系统来说，当研制者尚未介入之前，本不存在什么目标问题，因为目标是人对系统研制要获得的预期结果。而天然系统的功能，只不过是作为一种"基因"隐藏在系统之中。如一块石头的功能，既可以用来做建筑材料，也可以用来做工艺品；既可以用来做锤子，也可以用来做"武器"，这是由石头的成分、密度、重量、形状等"基因"决定的，至于某块石头具体用来做什么，必须由研制者根据需要来决定。但不管研制者需要还是不需要，无论如何也不可能把石头变成小鸡，因为石头不存在变成小鸡的"基因"。

（二）系统的功能与目标

在人工设计系统中到底是功能决定目标，还是目标决定功能？有不同的看法。其实系统的功能与目标，是互为前提和相互制约的。设计一个系统，一般来说，首先要考虑目标的需要，因为任何人都不会无目的地去设计一个系统。然后，根据目标需要来设计系统的结构，使系统具有某种特定的功能。但又必须考虑系统是否具有目标所需要的"基因"，如果没有，无论你怎么设计和构建，系统都不可能具有目标所需要的功能。总之，任何人工系统的功能，都是由研制者设计和构建的。必须指出的是：我们平常所说的系统，又有概念系统和非概念系统之分，如桌子、椅子、飞机等，都是概念系统，而不是指具体某一张桌子、某一把椅子，或某一架飞机。

二、学校体育系统的功能与目标辨析

（一）学校体育系统的功能辨析

学校体育系统属于人工设计系统。平时我们说的学校体育功能，主要是概念系统的功能，即综合了各级各类学校的学校体育功能，而不是特指某一所学校的体育功能。

一所学校的体育功能，是由该校的体育决策者根据学校体育的目标来设计与构建的，而不是学校体育概念系统功能的必然反映。

一所学校的学校体育功能发挥得如何，能否满足学校体育目标的需要，不仅取决于体育决策者的设计与构建，而且还取决于学校体育实施者对学校体育系统运化过程的驾驭。因为，在学校体育实际工作中，计划的实施不仅受到学校体育工作者能力的影响，而且还可能受到某些突发因素的影响。

学校体育的功能与学校体育的价值、作用在本质上是一样的，只是论述的角度不同而已。学校体育如果缺乏某种功能，就等于缺乏某种作用，同时也就失去了某种价值。

（二）学校体育系统的功能与目标的关系

我们经常听到有人说："要充分发挥学校体育的功能，全面提高学校体育的效益。"这句话一般说来没有什么错。但具体到一所学校，就不是这样了。因为，具体到一所学校，学校体育的功能是根据学校体育的目标来设计与构建的，而这所学校的体育目标，又是根据各级各类学校的培养目标、国家和社会对学生的体育要求，以及学校的具体办学条件等来确定的。不言而喻，全国一流大学的体育目标，与边远地区村办小学的体育目标是不尽相同的。因而，其学校体育系统的设计与构建也是不一样的，当然，它们的功能也不可能一样。如果我们用大学的学校体育目标与功能，或用学校体育概念系统的目标与功能来要求和对待村办小学的体育目标，那在理论和实践上都是错误的，而且也是根本行不通的。

三、学校体育的本质与目标

人们从事任何社会实践，都必须首先确立目标，明确自己的努力方向。作为学校体育教育工作者，从事学校体育教育工作，要把学校体育工作搞好，当然也要明确自己的工作目标，提高自己工作的自觉性。

所谓学校体育目标，就是指人们从事学校体育实践所要达到的预期结果。它是学校体育教育工作的出发点和归宿，它决定着学校体育教育的方向与过程，它是评价学校体育工作的根本依据，它对学校体育教育工作具有导向和激励的作用。

（一）学校体育教育的本质

学校体育教育的本质是研究和制定学校体育教育目标的根本依据。

学校体育教育的本质是以身体练习为基本手段，以增进学生健康、增强学生体质，促进学生身心全面发展，培养学生终身体育的意识、兴趣、习惯和能力为主要目的的一种有计划、有组织的教育活动。它是学校教育的组成部分，是国民体育的基础。其发展既受一定社会的政治、经济制约，也受一定社会的教育、体育制约；既为一定社会的政治、经济目标服务，也为一定社会的教育、体育目标服务。

（二）研究学校体育目标存在的主要问题

过去我们对学校体育教育目标的研究较少，因而存在的问题也较多。主要有以下方面：

（1）以体育教学的目标来取代学校体育教育的目标。这在 20 世纪 70 年代以前的体育教学大纲中，表现得尤为突出。

（2）用"增强学生体质""掌握体育知识、技术、技能""对学生进行思想品德教育"三项基本任务来表述大、中、小学的学校体育教育目标。

（3）在研究学校体育教育目标时，过于强调国家和社会对学生的体育的要求，而忽视学生主体的体育需求。

（4）在研究学校体育教育目标时，比较重视学生在校期间的近期效益，忽视学生走上社会后的长远效益。

（5）在研究学校体育教育目标时，比较重视有形的体质、技能方面的效益，忽视无形的心理与社会方面的效益。

（6）研究制定的学校体育教育目标过于抽象，基本上是属于方向性的目标，可操作性差，难以根据目标对学校体育教育工作进行检查、评价。

参考文献

[1] 曹宏宏 . 高校"体育与健康"课程课程教学实践改革研究 [M]. 长春：吉林出版集团股份有限公司, 2018.

[2] 方武 . 课程思政与高校体育课堂教学的融合研究 [M]. 北京：中国纺织出版社, 2022.

[3] 付超，庞晓东，梁晓倩 . 课程思政教育理念引领下的高校体育教学改革与实践探索研究 [M]. 天津：天津社会科学院出版社, 2022.

[4] 沈阳 . 高校体育教学基础课程与管理组织结构研究 [M]. 哈尔滨：哈尔滨地图出版社, 2018.

[5] 顾小叶 . 高校水上体育课程模块构建 [M]. 哈尔滨：哈尔滨工业大学出版社, 2022.

[6] 匡勇进 . 高校体育课程资源理论研究 [M]. 西安：西安地图出版社, 2008.

[7] 刘汉平，朱从庆 . 我国高校公共体育课程教学的发展与改革探究 [M]. 长春：吉林人民出版社, 2021.

[8] 刘佳 . 高校体育舞蹈课程研究 [M]. 长春:吉林出版集团股份有限公司, 2019.

[9] 罗伟 . 体育强国背景下高校特色体育课程体系研究 [M]. 北京：中国纺织出版社，2023.

[10] 欧枝华 . 新时期高校体育教学及其课程体系改革研究 [M]. 北京：中国纺织出版社，2020.

[11] 王红 . 高校体育课程俱乐部模式创设与管理 [M]. 天津：天津科学技术出版社，2022.

[12] 王晓云 . 新时期高校体育健康课程教学实践优化研究 [M]. 青岛：中国海洋大学出版社，2019.

[13] 张勤，陈小蓉，张留洋 . 大学生体育社团与高校体育课程一体化发展研究 [M]. 长沙：湖南师范大学出版社，2015.

[14] 朱晓菱，冯慧春，李婷 . 高校体育课程思政设计与探索 [M]. 上海：上海大学出版社，2023.

[15] 左为东 . 课程思政视角下高校体育教学模式研究 [M]. 北京：中国纺织出版社，2022.